Hans-Geert Metzger
Zwischen Dyade und Triade
Psychoanalytische Familienbeobachtungen
zur Bedeutung des Vaters im Triangulierungsprozeß

D1727484

Hans-Geert Metzger

ZWISCHEN DYADE UND TRIADE

Psychoanalytische Familienbeobachtungen
zur Bedeutung des Vaters im Triangulierungsprozeß

edition diskord

Die Deutsche Bibliothek – CIP-Einheitsaufnahme

Ein Titeldatensatz für diese Publikation ist bei
Der Deutschen Bibliothek erhältlich.

Dissertation an der Universität
Gesamthochschule Kassel, 2000

Titelbild:
Emil Schumacher – Scala I, 1987
Öl auf Holz; 170 x 125 cm
Mit freundlicher Genehmigung der Kunsthalle zu Kiel

© 2000 edition diskord, Tübingen
Satz: psb, Berlin
Druck: Fuldaer Verlagsagentur
ISBN 3-89295-697-9

Inhalt

Danksagung

Der vorliegende Text ist das Ergebnis einer langen und intensiven Auseinandersetzung mit der Entwicklung und der Bedeutung der Triangulierung. Diesen Prozeß haben Freunde und Kollegen kritisch und unterstützend begleitet.

Besonders dankbar hervorheben möchte ich die hilfreichen und konstruktiven Anregungen und die Kritik von Prof. Marianne Leuzinger-Bohleber, die mich auch in schwierigen Phasen der Arbeit weitergeführt haben. Mein herzlicher Dank gilt auch Prof. Ulrike Prokop für ihre methodisch und inhaltlich klärenden Anmerkungen.

Das Universitätsseminar, auf dem die Arbeit basiert, habe ich gemeinsam mit dem analytischen Kinder- und Jugendlichenpsychotherapeuten Dr. Frank Dammasch durchgeführt. Mit ihm hat sich im Verlauf mehrerer Semester eine anregende und intensive Zusammenarbeit entwickelt, auf die ich sehr dankbar zurückblicke.

Auch die Studentinnen und Studenten des Seminars haben durch ihr großes Interesse für das Thema, ihre Neugier für die psychoanalytische Entwicklungspsychologie und ihre Bereitschaft, sich an einem für die Universität ungewöhnlichen Beobachtungsseminar engagiert zu beteiligen, zum Gelingen des Seminars beigetragen. Schließlich sei den Familien sehr herzlich gedankt, die uns einen Einblick in ihren Alltag gewährt und dadurch die vorliegende Arbeit erst ermöglicht haben.

Frankfurt, im April 2000
Hans-Geert Metzger

9

1. Einleitung

1.1. Dyade und Triade

Harmonie und Trennung sind Grundthemen des menschlichen Zusammenlebens. Alle Vorstellungen, die es von der Übereinstimmung geben kann, von der libidinösen Begegnung bis zur fusionär-symbiotischen Verschmelzung, befinden sich im Kontrast zur entgegengesetzten Bewegung, zur Loslösung und Trennung. Unter den Begriffen Symbiose und Individuation sind sie zu einem wichtigen Modell der psychoanalytischen Entwicklungspsychologie geworden.

Die Dyade, in ihrer ausgeprägtesten Form in der symbiotischen Nähe, wird gesucht und gemieden. Sie löst widersprüchliche Gefühle aus, die der gerade vorhandenen Stimmung oder auch der charakterlichen Ausprägung entspre[...] [...]m steht sie für Regression, währen[...] [...]gressiv zum Aufbruch zu neuen M[...]

Die Harmonie ist an zwe[...] [...]mmung gebunden. Ihre Überwindu[...] [...]lements oder einer dritten Person, [...] [...]d diese, zumindest temporär, auflös[...] [...]gung in den Augenblick, der verwe[...] [...]en Vorstellung des frühen Mutter[...] [...]sowohl als Störenfried wie auch al[...] [...]ose zur Triade erweitert.

Diese frühkindliche Dynamik bleibt als eine allgemeine Bewegung von Regression und Progression, von Fusion und Separation im ganzen menschlichen Leben erhalten. Nähe und Distanz – als plakative und modische Bezeichnung der hier gemeinten Bewegung – sind auf dyadische und triadische Beziehungsgestalten bezogen. Aus der frühkindlichen Szene entwickelt sich eine internalisierte psychische Struktur.

An dieser Entwicklung sind Mutter und Vater in je spezifischer Weise beteiligt. Der dyadische Beitrag der Mutter zur frühen Entwicklung ist klinisch und theoretisch erforscht, den Beitrag des Vaters beginnen wir seit der Theorie zur frühen Triangulierung allmählich zu verstehen.

Der Bogen von der Entwicklungspsychologie bis zur allgemeinen Psychoanalyse und ihrem Verständnis des menschlichen Zusammenlebens ist in dieser Arbeit weit gespannt. In diesem Spannungsbogen helfen auch Dichter und Philosophen bei der Annäherung an das Thema der Dyade und Triade.

„Sobald ein Mann und eine Frau voneinander hören, steuern sie auf die Frage zu, ob in der Wirklichkeit ein Milchmond oder kein Milchmond drin war, und die Einigkeit ist erst einmal auf der Stelle gefährdet und später dann ziemlich bald hin, weil ein Mann und eine Frau, sobald sie auch nur irgend etwas, und sei es das Belangloseste auf der Welt, zusammen machen, absolut etwas Verschiedenes sehen und hören und erleben und sich später nie mehr darauf einigen können, was sie gesehen und gehört und erlebt haben, und genau darüber aber müssen sie aus irgendeinem dunklen Grund fortan versuchen, eine Einigung zu erlangen, und während sie versuchen, sich darüber zu einigen, sehen und hören und erleben sie die ganze Zeit über wieder die grundverschiedensten Dinge, über die wieder Einigung erzielt werden muß und so weiter; irgendwann geraten sie furchtbar in Streit und Verzweiflung, und es kommt zu den gräßlichsten Kriegshandlungen, weil jeder überzeugt ist, daß er das richtige Wirkliche erlebt hat, und der andere muß sich irren" (B. Vanderbeke, Alberta empfängt einen Liebhaber).

Die Suche nach der Übereinstimmung und der Versuch, zugleich autonom zu bleiben, ist ein Thema in jeder Beziehung. Auch der philosophische Diskurs über die Liebe kreist um die Frage der Gestaltung der Nähe.

In seinem berühmten Text „Das Gastmahl" läßt Platon (vgl. 1992) die Teilnehmer über das Wesen des Eros reden. Mehrere Redner entwickeln ihre Vorstellung der Liebe. Platons Text bewegt sich dramaturgisch auf die letzten beiden Redner zu.

In der vorletzten Rede kommt Aristophanes zu einem Bild, das auch S. Freud zur Illustration des Wiederholungszwangs aufgegriffen hat (vgl. GW XIII, S. 62):

Ursprünglich habe es ein drittes Geschlecht gegeben, in dem Mann und Frau vereint waren. „Sie waren nun gewaltig an Kraft und Stärke und waren großen Sinnes", der Narzißmus war angesichts dieser Vollkommenheit derart aufgeblüht, „daß sie es unternahmen, den Himmel zu ersteigen, um die Götter anzugreifen" (1992, S. 55 f.). Die Konsequenz dieser nahezu allmächtigen Fusion war fatal. Zeus trennte die Menschen in zwei Teile und fortan „ging sehnsüchtig jede Hälfte ihrer anderen Hälfte nach." Seither läßt, so die Rede des Aristophanes, die Sehnsucht nach Symbiose die Menschen nicht mehr los.

„So lange schon ist die Liebe zueinander den Menschen eingepflanzt, vereinend die ursprüngliche Natur, strebend aus zweien Eins zu machen und die Natur zu heilen, die menschliche" (S. 58).

Das Begehren des Menschen ist es seither, „vereint und verschweißt mit dem Geliebten aus zweien Einer zu werden. Daran ist schuld, daß unsere ursprüngliche Natur so war und wir ganz waren. Nun trägt die Begierde und Jagd nach der Ganzheit den Namen Eros" (S. 60).

Regressiv strebt der Mensch im Mythos des Aristophanes in die Symbiose. Die Liebe sucht die Aufhebung der Differenz.

Platon verwendet die Fantasie einer dyadischen Beziehung, die sich die frühe Mutter-Kind-Beziehung zum Vorbild nimmt, in der die Grenzen zwischen Selbst und Objekt zugunsten eines verschmelzenden Miteinander aufgelöst sind. Trennende Erfahrungen erscheinen als so schmerzlich angesichts der narzißtischen Vollkommenheit, daß die ganze libidinöse Energie auf die Wiedervereinigung gerichtet ist.

Auf Aristophanes folgt im „Gastmahl" bekanntlich ein letzter Redner. Sokrates hat andere Vorstellungen vom Wesen der Liebe. Für ihn ist nicht die Fusion das Ziel der Liebe.

„Nun besagt eine Lehre, daß diejenigen, welche ihre eigene Hälfte suchen, lieben. Meine Lehre aber sagt, weder zur Hälfte gibt es Liebe noch zum Ganzen, wenn es nicht, mein Freund, zugleich ein Gutes ist ...".

In seinem Dialog stellt er die Frage: „wie und in welchem Tun müssen der Eifer und die Leidenschaft ihm folgen, damit man sie Liebe nennt? ...

13

Wohlan, ich will es dir sagen. Es ist nämlich ein Zeugen im Schönen, sei es im Leibe, sei es in der Seele ... Denn Mannes und Weibes Gemeinschaft ist Zeugung. Dieser Vorgang aber ist göttlich und dies ist im sterblichen Wesen das Unsterbliche: die Befruchtung und die Geburt" (S. 78 ff.).

Gegen den regressiven Sog führt er die Zukunft und damit ein drittes Element, eine triadische Vorstellung ein. Die libidinöse Besetzung der Entwicklung sieht Platon als das Wesen des Eros (vgl. auch Freud GW XIV, S. 105).

Die Dyade wird der Triade diametral gegenüber gestellt. Regression und Progression scheinen einander auszuschließen. In der regressiven Verschmelzung wird eine Vollkommenheit gesucht, die es nur in der Sehnsucht geben kann und die Differenz und Weiterentwicklung nicht zuläßt. Eine Zeugung aber, die sich nur um die Unsterblichkeit sorgen würde, wie Platons Text nahelegt, scheint ebenfalls so sehr vom Narzißmus und der Kränkung um die Sterblichkeit bestimmt zu sein, daß auch sie das Wesen der Liebe wohl verfehlen könnte.

So überläßt der Philosoph dem Psychoanalytiker die Auslegung des Prozesses, mit dem schließlich das Dritte den Weg aus der Dyade heraus öffnet.

S. Freud hat die Psychoanalyse mit einem triadischen Grundverständnis entwickelt. Er hat die ödipale Konstellation als einen dynamischen Konflikt mit drei Beteiligten verstanden. Die libidinöse Zweierbeziehung wurde durch den hinzukommenden, gleichgeschlechtlichen Dritten zunächst vorwiegend in seiner grenzsetzenden, strukturierenden Form ergänzt. Diese Funktion wurde historisch dem Vater zugeschrieben.

Die orientierende, aber auch einschränkende Seite des Über-Ich dominierte lange Zeit das psychoanalytische Theorieverständnis, ehe der zukunftsweisende Aspekt durch die Identifizierung mit dem Vater und durch die Betonung des Ich-Ideals mit seinen kreativen Möglichkeiten mehr Gewicht bekam.

Zugleich wurde zunehmend die präödipale Entwicklung erforscht. In den Theorien über die ersten Lebensjahre des Kindes dominierte zunächst die ausschließliche Mutter-Kind-Beziehung. Der Vater spielte eine marginale Rolle. Auch die Theorie der frühen Triangulierung, die erstmals ein präödipales Dreieck konzipierte, änderte diese Sichtweise nicht grundsätzlich. Der Vater kam nun lediglich an einem bestimmten Zeitpunkt zu der Dyade hinzu.

Erst allmählich trat die Bedeutung des Vaters sowohl als innere Repräsentanz der Mutter wie auch im konkreten Umgang mit dem Kind von Geburt an deutlicher hervor. Wie so oft in der Psychoanalyse wurde diese Entwicklung durch klinische Erfahrungen eingeleitet.

In einer Balint-Gruppe schildert ein Kinderarzt die Behandlung eines kleinen Jungen, dessen Fieber und Durchfall sich in wenigen Tagen dramatisch steigerte, so daß der Arzt zunehmend beunruhigt war. Als auch noch der Urin ausblieb, wollte er ihn schließlich ins Krankenhaus einweisen. Die Mutter, die zuvor mehrfach die Meinung geäußert hatte, daß ihr Sohn genauso wie sie selbst sei, suchte dies zu verhindern. In dem folgenden Dialog sagte der Arzt zur Mutter:

„Glauben Sie nicht auch, gnädige Frau, daß Sie diejenige sind, die sich nicht von ihm trennen kann?" Und schiebe noch schnell nach: „Und genau das will ich tun, ihn von Ihnen trennen. Irgendetwas klappt nicht so ganz zwischen Ihnen beiden, und ich will ihn isolieren" (Raimbault 1977, S. 189).

Unmittelbar nach dieser Äußerung geht der Arzt erneut in das Krankenzimmer des Jungen: „Ich kehre zurück, um ihn zu untersuchen. Auf der Schwelle zu seinem Zimmer sage ich, daß ich mit ihm allein sein will. Ich stelle mich neben ihn, fest entschlossen und fast ein wenig aggressiv. Ich palpiere ihn kaum. Sein Gesicht ist wie verwandelt, er erscheint zugleich kooperativer, weniger ängstlich und gesünder. Ich lasse ihn aufstehen. Neben dem Bett steht ein Nachttopf. Ich nehme den Topf und sage zu ihm: ‚Pinkele', und er pinkelt … Die Sache ist ausgestanden" (a. a. O.).

In dem nachfolgenden Gespräch erfährt der Arzt, daß das Kind durch künstliche Befruchtung von einem fremden Spender gezeugt wurde und der in der Wohnung anwesende Ehepartner nicht der Vater ist. Durch seine entschlossene Intervention trat der Arzt anstelle des Vaters erstmals als Dritter zwischen die bis dahin weitgehend ausschließliche Mutter-Kind-Dyade und leitete damit eine trianguläre Entwicklung ein, auf die der Junge, als habe er sehnsüchtig darauf gewartet, augenblicklich reagiert.

Das Beispiel akzentuiert in exemplarischer Weise die Funktion des Dritten. Er lös... : Ausschließlichkeit zunehmend zu... ziehung auf und ermöglicht dadu...

In der Dyna... ...ind wird traditionell dem Vater dies... ...en ersten Erkundungen der klinis... ...ng des Vaters in der präödipalen Z... ...möglich geworden, umfassender ... ...wicklung zu fragen. Aus einzelner... ...aters schält sich ein strukturell ge... ...haben klinische und theoretische Beiträge wie auch Forschungsprojekte beigetragen.

Es ist dadurch möglich geworden, den Beitrag des Vaters zur Entwicklung des Kindes kontinuierlicher und umfassender zu sehen.

Als Konsequenz dieser Forschung wurde in der entwicklungspsychologischen Theorie die Dyade von Geburt an zur Triade erweitert. Diese Erweiterung hat allerdings für manche Forscher die Konsequenz, die Triade tendenziell anstelle der Dyade zu setzen und damit die symbiotische Beziehung zwischen Mutter und Kind triadisch aufzulösen.

Diese These basiert auf der Kritik der empirischen Säuglingsforschung an der Entwicklungstheorie von M. Mahler, in der das symbiotische Erleben zwischen Mutter und Kind radikal infrage gestellt wird. In dieser Forschung wird das Kind von Geburt an als abgegrenzte Person gesehen, das zunächst ein Selbst entwickelt und erst auf dieser Grundlage eine enge Beziehung zur Mutter eingeht.

Die zunächst einseitige Ausgrenzung des Vaters in der Mutter-Kind-Beziehung wird durch diese These in ihr Gegenteil verkehrt, zur Auflösung der Dyade in die Triade. An die Stelle der symbiotischen Abhängigkeit tritt in der Theorie der Säugling, der den Kontakt zwischen Mutter und Kind kompetent mitgestaltet. Diese Veränderung hätte weitreichende Konsequenzen für das Verständnis dyadischer und triadischer Entwicklung.

Daher bin ich ausführlich auf diese theoretische Kontroverse eingegangen. Ich komme zu dem Ergebnis, daß es trotz der Kritik der empirischen Säuglingsforschung als sinnvoll und begründet erscheint,

16

von einem von Geburt an vorhandenen, unabgegrenzten symbiotischen Erleben des Kindes und der sich daraus ergebenden Trennungsproblematik auszugehen.

Allerdings sollte das symbiotische Erleben nicht so absolut gesetzt werden, wie M. Mahler es getan hat. Aufgrund der neueren Forschung kann man davon ausgehen, daß das Kind mit der Bereitschaft zu triadischen Beziehungen geboren wird und der Vater neben der unabgegrenzten Beziehung zur Mutter schon früh eigenständig wahrgenommen werden kann.

Diese Ergebnisse führen mich zu der These, daß dyadische und triadische Beziehung[…]hen und der Streit um die Präferenz […]t nicht lösen läßt. Es erscheint nahe […]is anzunehmen. Dyade und Tria[…]hließen sich nicht gegenseitig aus. […] würde zu einem Stillstand der Ent[…]selspiel zwischen beiden Positione[n …]. Bereits in den […]g wie auch in der klinischen Erfah[rung …] konnte die große Bedeutung der tr[…] werden. Das Kind kann verschiedene Perspektiven […]it einnehmen und damit seine Wahrnehmung entscheidend erweitern.

Nachdem zunächst einzelne Autoren in ihrer jeweiligen theoretischen und klinischen Sprache auf die Bedeutung dieses Schritts hingewiesen hatten – etwa Winnicott mit „Die Fähigkeit zum Alleinsein" (1958) oder M. Klein mit der Entwicklung der depressiven Position (vgl. 1962) –, wird es nun möglich, die Triade nicht nur als Entwicklungsprozeß, sondern auch als Strukturmerkmal im dynamischen Wechselspiel dyadischer und triadischer Interaktion zu sehen.

Triadische Interaktionen und Positionen sind Voraussetzung für Perspektivität und damit für reflexive Prozesse. Während die Dyade von der Vorstellung von Übereinstimmung geprägt ist, zeichnet sich die Triade durch die Differenz aus. Diese kann personell oder ideell sein. Sie ist nicht an die konkrete Anwesenheit des Dritten gebunden, sondern kann innerhalb der Dyade auch als eine neue, erweiterte Sichtweise eingeführt werden.

Auch der psychoanalytische Prozeß basiert auf dem dynamischen Wechselspiel zwischen Dyade und Triade. Der Analytiker läßt sich auf die analytische Beziehung ein, um sich empathisch in das Erleben des Analysanden einfühlen zu können. Indem er sich der unbewußten Dynamik des Analysanden öffnet, wird dieser nicht nur verbal, sondern auch szenisch-interaktiv seine Konflikte darstellen. Um diese Dynamik verstehen zu können, muß sich der Analytiker in einem zweiten Schritt von dem Analysanden distanzieren und eine andere Perspektive einnehmen. Er nimmt eine dritte, exzentrische Position ein, die ihm Erkenntnis und die Formulierung der Deutung ermöglicht.

1.2. Die Forschungsperspektive

In der psychoanalytischen Forschung läßt sich meiner Meinung nach in den letzten Jahren die Tendenz beobachten, daß sich klinische und objektivierende Forschung zunehmend auseinander entwickeln. Das Junktim zwischen Heilen und Forschen, von dem Freud ausgegangen ist, scheint sich zu lockern. Klinisch arbeitende Psychoanalytiker sehen bei ihren Patienten tendenziell anderere Phänomene und eine andere Dynamik als Forscher, die Studien unter methodisch kontrollierten Bedingungen durchführen.

So können z. B. in der Säuglingsforschung zwei einander sich ausschließende Babytypen, das sog. Freudsche Baby dem sog. Sternschen Baby diametral gegenüber gestellt werden (vgl. Kap. 2.3.). Nicht eine Korrektur oder Weiterentwicklung des psychoanalytischen Bildes vom Säugling erscheint angemessen, wie es innerhalb der psychoanalytischen Forschung immer wieder vorgenommen wurde, sondern eine das bisherige Bild ausschließende Alternative scheint festgestellt worden zu sein.

Ähnliche, sich ausschließende Ergebnisse finden sich in der Forschung zu Alleinerziehenden oder zu neu zusammengesetzten Familien: können viele sozialwissenschaftliche Studien bei der Entwicklung von Kindern Alleinerziehender keine Unterschiede zur traditionellen

Familie oder eher noch vorteilhafte Entwicklungen bei den betroffenen Kindern sehen (vgl. Rauchfleisch 1998), so findet die klinische Psychoanalyse bei diesen Kindern doch erhebliche, spezifisch aus der jeweiligen Belastung resultierende Konflikte (vgl. Dammasch 2000). Wenn man allerdings weiterhin von einer wesentlichen Erkenntnis Freuds ausgeht, daß es einen fließenden Übergang zwischen Neurose und sog. Normalität gibt, dann entsteht ein theoretischer Widerspruch, der vielleicht auch mit der Verabsolutierung des jeweiligen methodischen Zugangs zu tun hat.

Ich vermute daher, daß man den jeweiligen methodischen Zugang berücksichtigen muß, und daß man ihn nicht, sich abgrenzend gegen andere Zugänge, absolut setzen sollte. Erst eine Methodenvielfalt, die sowohl die Nähe zur klinischen Erfahrung hält wie auch eine reflektierte externe Validierung ermöglicht – wie sie z. B. in der Katamnese-Studie der DPV berücksichtigt wurde (vgl. Stuhr/Leuzinger-Bohleber/Beutel 2000), kann der Differenziertheit der Psychoanalyse gerecht werden.

In der psychoanalytischen Literatur zur Bedeutung des frühen Vaters fällt ein Mangel an Studien auf, die nicht klinisch, aber doch beobachtungsnah vorgegangen sind. Neben klinischen Fallbeispielen gibt es nur wenige systematische Studien, an denen die theoretischen Ableitungen überprüft werden können. Laboruntersuchungen dagegen sind zwar methodisch kontrolliert, ihre Aussagekraft bleibt aber aufgrund des experimentellen Rahmens oft eingeschränkt.

Daher war es naheliegend, eine Beobachtungsstudie durchzuführen und Kinder in ihrer natürlichen Umgebung in Interaktion mit ihren Vätern und Müttern zu studieren. Die Beobachtungen wurden im Sinne der Feldforschung möglichst unselegiert durchgeführt, anschaulich und beobachtungsnah protokolliert und erst nachträglich unter dem Aspekt der Bildung von Dyaden und Triaden interpretiert.

Die Studie wurde innerhalb eines Forschungsseminars am Fachbereich Erziehungswissenschaften der Universität Frankfurt durchgeführt. Das Seminar wurde von Frank Dammasch, analytischer Kinder- und Jugendlichenpsychotherapeut (VaKJP), und von mir geleitet.

Die Beobachter waren Studenten des Seminars. Sie protokollierten ihre Beobachtungen und Erlebnisse in den Familien. Die Protokolle wurden in der Seminargruppe interpretiert. Durch dieses Setting war es möglich, Beobachtung und Interpretation weitgehend voneinander zu trennen.

Das Interesse an dieser Art der Arbeit, die Forschung und Lehre miteinander verbindet, führte zu einer engagierten und inspirierenden Atmosphäre im Seminar und ermöglichte dadurch auch die Fortsetzung der Beobachtungen in schwierigen, belastenden Situationen. Meine in dieser Arbeit vorgelegten Interpretationen gehen über die Ergebnisse der Seminararbeit hinaus. Wurde im Seminar zunächst an den fortlaufenden Erlebnissen in den Beobachtungen gearbeitet, so basieren meine Interpretationen auf der in zeitlichem Abstand durchgeführten Arbeit an den schriftlichen Protokollen. Aus der Begleitung des Beobachtungsprozesses ist eine Textanalyse geworden, in der ich psychoanalytisch-hermeneutisch vorgehe. Durch die stetige Überprüfung am Text löst sich die ursprüngliche Kontextabhängigkeit der Interpretationen.

Die Interpretationen sind unter besonderer Berücksichtigung der unbewußten Dynamik in der Familie und des Einbezugs des Beobachters als hinzukommenden fremden Dritten durchgeführt. Auf dieser Grundlage arbeite ich die jeweilige Bedeutung des Vaters in der Familie und seinen Beitrag zur Entwicklung der Kinder heraus. Unter strukturellem Gesichtspunkt stelle ich die Bildung von Dyaden und Triaden dar und diskutiere ihr Wechselspiel unter dem Aspekt dynamisch unbewußter Triebkräfte.

Die ursprünglich entwicklungspsychologische Fragestellung hat sich in der Arbeit an den Texten ausgedehnt. Mit dieser Erweiterung habe ich mich auf die aktuelle psychoanalytische Diskussion zur Triade und zur Triangulierung bezogen. Ging es zunächst um die Überprüfung der Theorie der frühen Triangulierung, so hat sich die Fragestellung – gerade auch durch das Material der Familienbeobachtungen – zur allgemeinen Dialektik dyadischer und triadischer Interaktionen erweitert.

Im ersten Teil der Arbeit gehe ich auf die psychoanalytische Theorie zur Bedeutung des frühen Vaters ein. Hier beziehe ich mich insbesondere auf M. Mahler, E. Abelin und J. Herzog. Ich diskutiere, wie schon erwähnt, ausführlich die Kritik der empirischen Säuglingsforschung an der Theorie der Symbiose und entwickle als Ergebnis dieser Diskussion den Vorschlag, in der Forschung zur frühen Kindheit gerade unter Berücksichtigung der Rolle der Gegenübertragung methodenpluralistisch zu bleiben. Ich schlage vor, Dyade und Triade in einem Wechselspiel zu sehen und ihre jeweilige Entwicklung weniger kategorial, sondern eher situationsabhängig zu sehen.

Im empirischen Teil der Arbeit stelle ich zunächst das methodische Vorgehen der teilnehmenden Beobachtung bezugnehmend auf die Feldforschung und die psychoanalytische Babybeobachtung vor. Danach folgen drei ausführliche Protokolltexte von Familienbeobachtungen, die ich psychoanalytisch-hermeneutisch interpretiere. In den Texten sind Szenen des familiären Alltags abgebildet, die anschaulich und erlebnisnah wiedergegeben sind. Sowohl das Selbstverständnis der Familie wie auch die konfliktbesetzten Bereiche bilden sich in der bewußten wie auch, erschließbar durch das hermeneutische Vorgehen, in der unbewußten Dimension ab.

Im ersten Beispiel geht es um den klassisch erscheinenden triangulären Impuls eines kleinen Mädchens, sich von der Mutter zu lösen und den Vater als den aufregend fremden Dritten zu besetzen, wobei der Vater an offenbar ödipal determinierte Grenzen stößt.

In der zweiten Beobachtung wird eine angespannte Beziehung zwischen Vater und Sohn geschildert, die auf einem ungelösten Konflikt zwischen beiden basiert. Dadurch wird die Besetzung des Vaters als des Dritten behindert und der Sohn entwickelt sich in seiner sozialen Umgebung mehr und mehr zum Problemkind.

Die dritte Beobachtung erscheint ganz um eine körperliche Einschränkung der Mutter zentriert. Die Familie wirkt wie ein Körper, der die Mutter schützt. Aber in Konflikten der ältesten Tochter mit der Mutter wird auch die Schwierigkeit in der Identitätsbildung des Kindes deutlich. Der Vater wird hier in spezifischer Weise als Ausgleich und Ergänzung erwartet.

Den empirischen Teil schließt ein literarisches Beispiel von Peter Høeg ab, in dem fast schon verlorengegangene trianguläre Anteile eines Vaters während einer depressiven Reaktion wieder zu einer Perspektive verhelfen.

In der abschließenden Diskussion werte ich die Familienbeobachtungen zusammenfassend unter dem Aspekt der Triangulierung aus und überprüfe meine Vorschläge zur Theorie der Triade anhand dieser Ergebnisse.

Die psychoanalytische Textinterpretation geht mitunter über das Selbstverständnis der Betroffenen hinaus. In der psychoanalytischen Arbeit mit Patienten ist dies erwünscht und beabsichtigt. Die psychische Veränderung basiert gerade auf der Erschließung bisher unbekannter, dynamisch unbewußter Zusammenhänge. Sie werden mit dem Patienten kommuniziert. In der Textinterpretation ist diese Kommunikation mit den Betroffenen nicht unmittelbar möglich. Die beobachteten Familien sind nicht an dem Prozeß der Interpretation der Protokolle beteiligt. Dadurch entsteht das Problem, einerseits aus ethischen Gründen die Anonymität der Familien zu schützen und andererseits dennoch exemplarische Szenen widergeben zu wollen, um die Interpretationen und die Theorieentwicklung für den Leser nachvollziehbar entwickeln zu können. Bei der Auswahl der Protokolltexte habe ich mich bemüht, beide Gesichtspunkte zu berücksichtigen.

2. Zur psychoanalytischen Theorie der Triade

„Worüber möchten Sie als erstes sprechen?" fragte er mich.
„Das Einfachste wäre, mit dem Anfang zu beginnen. Ihrer Geburt ..."
Er ging zwei Minuten schweigend hin und her. Dann antwortete er mit einer Frage:
„Sind Sie sicher, daß das Leben eines Menschen bei der Geburt beginnt?"
Er wartete die Antwort nicht ab. Es war lediglich eine bestimmte Art, in die Erzählung einzuführen. Ich ließ ihn also reden, wobei ich mir das Versprechen abnahm, so wenig wie möglich einzugreifen.
Mein Leben begann, sagte er, ein halbes Jahrhundert vor meiner Geburt, in einem Zimmer, das ich nie besucht habe, an den Ufern des Bosporus.
(A. Maalouf, Häfen der Levante, 1997)

2.1. Frühe Triangulierung – kurze Konjunktur eines Begriffs?

Dem Begriff der frühen Triangulierung scheint eine kurze Blütezeit beschieden gewesen zu sein. Er wurde 1971 von E. Abelin formuliert, um in der Entwicklung und Bildung triadischer Strukturen einen spezifischen, um den 18. Lebensmonat datierten Prozeß der Internalisierung zu bezeichnen.

Die Formulierung der frühen Triangulierung brachte eine innerhalb der Psychoanalyse spät einsetzende Forschung über die Bedeutung des frühen, präödipalen Vaters auf den Begriff. So konnte sich Abelin auf die Arbeiten von Loewald (1951) und Greenacre (1966) stützen, die begonnen hatten, nach der dominierenden ödipalen Theorie und der danach einsetzenden Forschung zur Bedeutung der frühen Mutter-Kind-Beziehung auch ein umfassenderes Interesse an der Rolle des Vaters zu entwickeln.

Abelin formulierte den Begriff innerhalb der Theorie M. Mahlers zur Individuation und Separation des Kindes. Diese Theorie basiert grundlegend auf der von vielen Psychoanalytikern geteilten Vorstellung einer symbiotischen Verbundenheit zwischen Mutter und Kind, aus der das Kind sich zunehmend löst. Der Vater wurde als eine zentral hilfreiche Person in der konflikthaften Lösung von der symbiotischen Mutter verstanden.

Für einige Jahre nahm der Begriff der frühen Triangulierung eine zentrale Position in der entwicklungspsychologischen Vorstellung der frühen Kindheit ein (vgl. Rotmann 1978, Ermann 1993), beschrieb er doch prägnant eine Bedeutung des präödipalen Vaters und stellte ihn, entwicklungspsychologisch gesehen, gleichwertig neben den der ödipalen Triade. Müller-Pozzi sah den Prozeß der frühen Triangulierung sogar im Mittelpunkt der Entwicklung: „Vielleicht bedeutet die Triangulierung die größte Umwälzung in der Entwicklung des Menschen. Erst wenn der Mensch sich aus der Dyade gelöst, die Repräsentanz eines dritten Objekts verinnerlicht, eine relative Objekt- und Selbstkonstanz gewonnen hat, ist er psychisch geboren" (1995, S. 128).

Mittlerweile aber scheinen sowohl theoretische Überlegungen wie auch empirische Studien die Vorstellung der frühen Triangulierung obsolet werden zu lassen.

Denn seit der Säugling in den Studien der experimentell arbeitenden Babybeobachter immer kompetenter zu werden scheint, läßt sich auch die symbiotische Einheit zwischen Mutter und Kind nicht mehr, zumindest nicht mehr empirisch, beobachten. Da aber das Konzept der Symbiose grundlegend für die spezifische Bedeutung des Vaters als des „unkontaminierten Dritten" im Loslösungsprozeß ist, ist auch die darauf aufbauende Vorstellung der frühen Triangulierung infrage gestellt.

Offenbar war das Konzept sehr theoriegeleitet formuliert. Die schon von Abelin wie auch von anderen Autoren mitgeteilte Beobachtung, daß das Kind den Vater natürlich auch schon vor dem 18. Lebensmonat wahrnimmt, wie auch die theoretische Erkenntnis, daß nur auf der Basis von triadischen Strukturen Entwicklung vorstellbar ist (Buchholz 1990), führten zu einer Ausdehnung triadischer Konzepte. So kann sowohl davon ausgegangen werden, daß internalisierte triadische Strukturen die Entscheidung der Eltern zur Schwangerschaft und deren Vorstellung des zukünftigen Kindes begleiten, daß aber auch das Kind schon in den ersten Wochen und Monaten Kontakt zu beiden Eltern aufnehmen kann (von Klitzing 1997).

Manche Forscher sprechen vom „Trilog" des Säuglings, um dessen familiären Kontakt vom Mutter-Kind-Dialog abzusetzen (von Klitzing 1997). An die Stelle eines Zeitpunkts der Triangulierung tritt die Triade mit ihren verschiedenen entwicklungspsychologischen Stufen. Der Begriff der frühen Triangulierung scheint ausgedient zu haben, kaum daß er in den Lehrbüchern aufgetaucht ist.

Gegen diese etwas schnelle Schlußfolgerung spricht allerdings die psychoanalytisch vielfältig und gut begründete Annahme eines symbiotischen Erlebens des Kindes mit der Mutter wie auch die entwicklungspsychologisch ausgewiesene, krisenhafte Zuspitzung der Selbst- und Beziehungserfahrung des Kindes im 2. Lebensjahr.

So bleibt als Frage an die Erörterung der nachfolgenden theoretischen Konzepte, ob Mahler und Abelin möglicherweise einen entwicklungspsychologischen Prozeß mit den Begriffen der Wiederannäherung und der frühen Triangulierung zutreffend, aber in zu engen und deshalb verabsolutierenden theoretischen Begriffen erfaßt haben und ob deren Kritiker in ihrem Bestreben, das Alte für überholt zu erklären, nicht ein wenig voreilig gewesen sind und dadurch Gefahr laufen, einen spezifischen Beitrag des Vaters in den ersten Lebensjahren zu egalisieren.

2.1.1. Die Einladung zur Gegenübertragung

Alle Forschungen zu den ersten Lebensmonaten des Säuglings zeigen, daß sich die Erfahrungen und Erlebnisse in dieser Zeit nur annäherungsweise erschließen lassen. Ein symbiotisches Erleben zum Beispiel läßt sich nicht objektivierend messen, weil es durch ein inneres Erleben bestimmt ist, das sich ungenügend in Verhaltensbeobachtungen widerspiegelt.

Alle Theorien können Aspekte zur Erkenntnis des Erlebens beitragen, ohne aber ein vollständiges Bild behaupten zu können. Das partielle Nicht-Wissen muß ertragen werden. Eine Unschärfe bleibt unauflösbar.

Dadurch entsteht in der Forschung zu den ersten Lebenserfahrungen eine Situation, die zur eigenen unbewußten Reaktion und, falls schon Übertragungsprozesse angenommen werden können, zur Gegenübertragung geradezu und in besonderem Ausmaß einlädt. Mehr noch als in anderen psychoanalytischen Erfahrungen wird der Forscher mit einer Seite seines Selbst in Berührung gebracht, die jenseits seiner verbalisierbaren Erinnerung liegt, die zugleich aber frühe und umfassende Seiten seiner Lebenserfahrung anspricht. Die frühe Kindheit ist mehr als jede andere soziale Situation dazu geeignet, die Gegenübertragung anzusprechen.

So ist es kaum verwunderlich, daß in den Theorien zu den ersten Lebensmonaten durchaus unterschiedliche Akzente gesetzt werden.

So sieht Freud den Säugling durch eine Reizschranke geschützt, während Balint (1968) die Suche nach der harmonischen Verschränkung im Vordergrund sieht. Winnicott (1960) betont die Abhängigkeit und die Hilflosigkeit des Säuglings, während Grunberger (1971) den mit der Geburt einhergehenden Verlust eines erhebenden pränatalen Zustandes hervorhebt.

Für Klein (1962) und Bion (vgl. Haas 1997) steht die aggressive Spannung als Äußerung des Todestriebes ganz im Vordergrund. Sie haben kein Bild einer vorwiegend libidinösen Begegnung zwischen Mutter und Kind. Die Zuwendung der Mutter dient allein dazu, wenigstens partiell die kaum erträglichen Spannungen des Säuglings aufzufangen.

Möglicherweise schließen sich diese Theorien gegenseitig nicht so sehr aus, wie es den Anschein hat. Sie betonen unterschiedliche Aspekte des frühkindlichen Erlebens. Diese Einschränkung gilt natürlich auch für die scheinbar objektiven Ergebnisse der Säuglingsforschung. In der Gegenübertragung des Forschers könnte aus einzelnen meßbaren Kompetenzen auch ein scheinbar kompetenter Säugling werden.

Die Analyse von Devereux (1967), daß die Angst des Forschers seine Wahrnehmung in der Form einer unerkannten Gegenübertragung mitbestimmt, könnte gerade auch für die Erforschung der ersten Lebensmonate gelten.

2.1.2. Terminologische Probleme

Die Entdeckung des Vaters, der vor der ödipalen Auseinandersetzung in das Leben des Kindes tritt und alternativ zur Mutter identifikatorische Möglichkeiten anbietet, ist theoriengeschichtlich in der Psychoanalyse eine mit Verzögerung einsetzende Geschichte.

Schon rein terminologisch läßt sich keine allgemein akzeptierte, positive Bezeichnung für die Bedeutung des Vaters in den ersten Lebensjahren des Kindes finden. Die Umschreibung „präödipal" ist eine Verlegenheitslösung, die sich auf einen nicht eigenständig zu bezeichnenden Zeitraum, eben den Zeitraum vor der ödipalen Phase bezieht.

Erst recht die Bezeichnung des „frühen" Vaters ist ganz unselbständig, weil sie eine völlig unverbindliche Zeitangabe enthält, die nur durch die Fixierung auf die ödipale Zeit einen Bezugspunkt bekommt und ohne diese unverständlich bliebe.

Alle weiteren Charakteristika wie z. B. „unkontaminiert" sind an eine jeweilige Theorie gebunden und damit über diese Theorie hinausgehend nur schwer zu verallgemeinern.

Schon an diesen kurzen Anmerkungen zur Terminologie läßt sich ablesen, wie schwer es bis heute ist, eine eigenständige, nicht primär auf ein anderes Merkmal bezogene Kennzeichnung für den Vater in den ersten Lebensjahren des Kindes zu finden. Natürlich enthält diese Schwierigkeit das allgemeinere Problem, einen eigenständigen, gleichberechtigt neben der ödipalen Entwicklung stehenden Begriff für die ersten Lebensjahre zu finden. Aber während die Mutter-Kind-Dyade als Begriff für viele Psychoanalytiker konsensfähig zu sein scheint, muß die spezifische Bedeutung des Vaters für diesen Zeitraum erst noch formuliert werden.

2.2. Psychoanalytische Theorien
zur Bedeutung des präödipalen Vaters

2.2.1. Symbiotische Nähe und Separation (M. Mahler)

In ersten Arbeiten hatten Loewald (1951) und Greenacre (1966) auf die Bedeutung des präödipalen Vaters hingewiesen. Loewald betonte, wie der Vater – anders als bei der in der ödipalen Zeit vorherrschenden Kastrationsdrohung – dem Sohn progressiv helfen könne, um sich von einem drohenden Verschlungenwerden durch die Mutter absetzen zu können (vgl. 1951, S. 780). Greenacre sah den Einfluß des Vaters für die motorisch aktive Entwicklung des Kindes (vgl. 1966, S. 614). Aber erst die Theorie der Symbiose und Individuation von M. Mahler und ihren Mitautoren F. Pine und A. Bergman ermöglichte es, die Bedeutung des Vaters in den zunächst schlüssigen theoretischen Rahmen der frühen Triangulierung zu stellen.

Mahler et. al. formulierten ihre Theorie aufgrund eines Beobachtungsprojekts, das in den Räumen eines Kindergartens, des Masters Children's Centers durchgeführt wurde. Die Mütter kamen mit ihren Kindern in diese Räume.

Zu Beginn des Projekts begannen die Beobachtungen mit Kindern, die 9–10 Monate alt waren; in einem späteren Forschungsabschnitt wurden die Beobachtungen auf Babys ab dem 4. Monat ausgedehnt (1975, S. 36 f.).

„Wir wollten eine Situation schaffen – und anscheinend gelang es uns auch –, in der die spontane, alltägliche Beziehung von Mutter und Kind in einem natürlichen Rahmen beobachtet werden konnte" (a. a. O., S. 35). Mahler et al. betonen, daß im Projekt versucht wurde, „eine ungezwungene Atmosphäre aufrechtzuerhalten, in der die Mütter frei entscheiden konnten, ob sie sich das Center nutzbar machen wollten; auf diese Weise vermieden wir es, eine schärfer strukturierte Situation zu schaffen, in der wir gewisse Anforderungen an sie hätten stellen müssen. Dieser Ansatz erschien insbesondere deshalb notwendig, weil es sich um normale, gesunde Familien handelte, die vermutlich nicht motiviert waren, aus vorwiegend therapeutischen Gründen bei uns zu bleiben" (a. a. O., S. 47).

In diesen Beobachtungen suchten Mahler et al. ihre Hypothesen zu überprüfen, wobei sie das Problem betonen, aus direkter Beobachtung zu der Konstruktion „eines Bildes vom Innenleben des präverbalen Kindes (zu kommen), eine Aufgabe, bei der koenästhetische Empathie unseres Erachtens eine zentrale Rolle spielt" (a. a. O., S. 26). Obwohl die Studie auf teilnehmender Beobachtung beruht, betonen Mahler u. a. die psychoanalytisch-hermeneutische Umsetzung ihrer Beobachtung, wenn sie schreiben, daß sie die Bezeichnung Symbiose benutzen, um „einen intrapsychischen und nicht so sehr einen Verhaltenszustand zu beschreiben – es handelt sich also um einen Zustand, der auf einer Schlußfolgerung beruht. ... In der Tat bedarf dieser nicht unbedingt der körperlichen Anwesenheit der Mutter, er kann vielmehr auf primitiven Imagines des Einsseins und/oder der Skotomisierung oder Verleugnung entgegengesetzter Wahrnehmungen beruhen" (a. a. O., S. 19; vgl. auch Baumgart 1991).

Trotz dieser selbst vorgenommenen methodischen Einschränkung muß kritisch angemerkt werden, daß gerade bei den Konzepten für die ersten Lebensmonate die Beobachtung von der Theorie überlagert wird, weil die Kinder in der Studie nicht jung genug waren, um den postulierten Zustand des normalen Autismus und den Beginn der symbiotischen Phase zu beobachten.

Mahler et al. betonen auch, daß der Begriff der Symbiose eine Metapher darstellt, weil „zwar der Säugling in der symbiotischen Phase vom symbiotischen Partner *völlig* abhängig ist, die Symbiose aber für den erwachsenen Partner der Zweieinheit eine gänzlich andere Bedeutung hat. Das Bedürfnis des Kindes nach der Mutter ist absolut, das der Mutter nach Kind relativ" (a. a. O., S. 63, kurs. i. Orig.).

Ich stelle die Theorie M. Mahlers kurz im Überblick dar.

Nach der angenommenen autistischen Phase lassen sich in den ersten Monaten die Vorläufer einer sich ausdifferenzierenden Objektbeziehung beobachten: „Vom 2. Monat an beginnt mit dem verschwommenen Gewahrwerden des bedürfnisbefriedigenden Objekts die Phase der normalen Symbiose, in der der Säugling sich so verhält und seine Funktion ausübt, als ob er und seine Mutter ein allmächtiges System darstellten – eine Zweieinheit innerhalb einer gemeinsamen Grenze" (a. a. O., S. 62).

Diese Beziehung prägt die symbiotische Phase: „Die Welt wird zunehmend libidinös besetzt, vornehmlich in der Person der Mutter, doch als eine Zweieinheit mit dem noch nicht klar umrissenen, abgegrenzten und erlebten Selbst. Die Besetzung der Mutter ist die grundlegende psychische Errungenschaft dieser Phase" (a. a. O., S. 68). Ausgehend von dieser Grundsituation beschreiben Mahler et al. zunächst die Subphase der Differenzierung, die sich ab dem 4.–5. Monat mit den ersten Anzeichen, daß sich das Kind von der Mutter wegbewegt, ankündigt (vgl. S. 72 ff.); dann die Übungsphase, die durch die aufrechte Fortbewegung und den dadurch „völlig neuen Blickwinkel" auf die Welt gekennzeichnet ist (S. 87 ff.).

Die folgende Phase der Wiederannäherung wird als eine krisenhaft ambitendente Entwicklung beschrieben, die die einander widerstrebenden Impulse der Anlehnung einerseits und der Loslösung andererseits in der Beziehung zur Mutter auf einen Höhepunkt bringen. „Zugleich mit dem beginnenden Gewahrwerden der Getrenntheit erkennt das Kind, daß die Wünsche der Mutter keinesfalls immer mit seinen eigenen übereinstimmen" (S. 118). Aus dieser Wahrnehmung entsteht um den 18. Monat eine Krise, in der die Trennung schmerzlicher als zuvor empfunden wird und zu dem Wunsch nach Wiederannäherung und Selbstbehauptung zugleich führt.

Zur Bewältigung stehen dem Kind jetzt aber zunehmend neue kognitive Möglichkeiten zur Verfügung:
– Die Sprachentwicklung „im Sinne der Benennung von Objekten und des Äußerns von Wünschen mit bestimmten Wörtern." (S. 132),
– der Verinnerlichungsprozeß, „der sich sowohl aus Identifizierungsakten mit der ‚guten‘, fürsorglichen Mutter und dem Vater als auch aus der Verinnerlichung von Regeln und Vorschriften … ableiten ließ" (a. a. O.) sowie
– Symbolisierungsprozesse und die dadurch „gesteigerte Fähigkeit, Wünsche und Phantasien durch symbolisches Spiel" auszudrücken und Umgangsweisen mit ihnen zu finden (ebd.).[1]

---

[1] D. Stern hat für dieses Lebensalter eine Krise des Selbstverständnisses beschrie-

Die Überwindung der Krise führt zur Konsolidierung der Individualität und zu den Anfängen der emotionalen Objektkonstanz.

In der Krise aber ist die Mutter-Kind-Beziehung einer großen Belastung ausgesetzt, die sich aus der Ambitendenz des Kindes ergibt. In dieser Phase nun ist der Vater als scheinbar von außen kommender, d. h. außerhalb der symbiotischen Beziehung stehender Dritter hilfreich. Mahler et al. erwähnen diese Bedeutung in ihrer Studie – außer in einzelnen Fallbeschreibungen – nur an einer Stelle: „Der Wunsch des Kindes nach erweiterter Selbständigkeit drückte sich nicht nur im Negativismus gegenüber der Mutter und anderen aus, sondern führte auch zur aktiven Erweiterung der Mutter-Kind-Welt – *in erster Linie zur Einbeziehung des Vaters*. Der Vater als Liebesobjekt gehört schon sehr früh einer vom Liebesobjekt Mutter völlig verschiedenen Kategorie an. Obgleich er nicht gänzlich außerhalb der symbiotischen Verbindung steht, ist er doch niemals in vollem Umfang ein Bestandteil von ihr. Das Kind nimmt außerdem wahrscheinlich sehr früh eine besondere Beziehung des Vaters zur Mutter wahr; ihre Bedeutung für die Loslösungs- und Individuationsphase und die spätere präödipale Phase beginnen wir eben erst zu verstehen" (S. 119 f., kurs. i. Orig.).

Mit der aktiven Einbeziehung des Vaters zur Erweiterung der dyadischen Beziehung beschreiben Mahler et al. eine prägnante Bedeutung des Vaters für die Phase der Wiederannäherung. Zugleich aber verstehen sie ihn nicht als einen kategorial Anderen, sondern bleiben bei einer vorsichtig relationalen Beschreibung.

Diese Vorsicht mag verwundern, denn in wesentlich berühmter gewordenen Zitaten vergleicht Mahler den Auftritt des „nicht-kontaminierten" Vaters schillernd mit dem des „Ritters in der glänzenden Rüstung", der von „outer space" kommt und für das Kind „neu und aufregend" ist (vgl. Abelin 1971, S. 232). Mit diesen märchenhaft anmutenden Bildern hat Mahler der Rolle des Vaters in der frühen Triangulierung einen dramatischen Effekt gegeben, der seither eng mit der Theorie der Dynamik dieser Phase verbunden ist.

ben, die sich für ihn aus dem Übergang von der scheinbar unbeschwerten präverbalen Verständigung zur Aufteilung in verbale und präverbale Kommunikation ergibt (s. u.).

Bemerkenswert ist allerdings, daß diese Zitate aus Diskussions-bemerkungen zu einer Arbeit von Ph. Greenacre stammen, die als Manuskript unveröffentlicht geblieben sind und lediglich als Abstract in einer Fachzeitschrift veröffentlicht wurden (vgl. Abelin, a. a. O.). Die vorläufige Form der Veröffentlichung und fehlende Weiterver-wendung der Zitate zeigen an, daß Mahler ihnen durchaus nicht die zentrale Geltung zukommen ließ, mit der sie durch die vielfache Be-zugnahme in der Sekundärliteratur mittlerweile bedacht wurden.[2]

Es gibt also ein ausgeprägtes Mißverhältnis zwischen der Verwen-dung der Zitate von Mahler und ihrer eigenen theoretischen Entschie-denheit bezüglich der frühen Triangulierung. Die Zitierung erweckt den Eindruck, als ob der Vater plötzlich und von außen um den 18. Monat auftauchen würde und vorher kaum wahrgenommen wor-den sei. In Mahlers wesentlich vorsichtigeren Überlegungen nimmt der Vater dagegen differenzierter und vielschichtiger an den ersten Lebensjahren des Kindes teil.

Gleichwohl basiert die Theorie der frühen Triangulierung auf der Annahme einer symbiotischen Phase und der daraus resultieren-den Wiederannäherungskrise. Insofern trifft die Kritik, inwieweit der Vater überhaupt in der Wiederannäherung als ein von der Mutter deutlich differenziertes Objekt nötig ist, auch die zugrunde liegende Theorie der Symbiose.

Hier sollte darauf hingewiesen werden, daß Mahler die Beziehung des Kindes immer unter dem basalen Aspekt der Versorgung denkt, auch wenn sich diese natürlich nicht darin erschöpft. Aber sie geht – gemäß der klassisch psychoanalytischen Denkweise – davon aus, daß die Bedürfnisbefriedigung sichergestellt werden muß und sich in der daraus resultierenden Interaktion wichtige erste Erfahrungen des Kin-des entwickeln (vgl. z. B. 1975, S. 60, 65). Die Beziehung zwischen Mutter und Kind läßt sich für sie ohne diese Versorgung, von der das Kind lebenserhaltend abhängig ist, nicht denken.

Schon hier soll angemerkt werden, daß die neuere empirische Säuglingsforschung (s. u.) in ihrem Setting und der Bewertung ihrer

---

[2] Den Begriff „unkontaminiert", der auch prominent in der Literatur zur frühen Triangulierung wurde, verwendet Mahler übrigens nur 1955, gemeinsam mit Gosliner und bezugnehmend auf E. Kris (vgl. Abelin 1971).

Beobachtungen die Mutter-Kind-Beziehung von der Versorgung tendenziell abkoppelt. Es ist, als ob keine Abhängigkeit existieren würde, wenn sich Mutter und Kind im Beobachtungssetting wechselseitig beeinflussen.

Das Gefühl der Symbiose aber, so müßte man Mahler weiterdenken, schützt den Säugling im Sinne der klassischen Annahme des Reizschutzes vor zuviel äußerer und ch nicht zu bewältigender Realität. Wird di nicht beachtet oder für unerheblic *Frühe* :ehen – auch die Annahme einer Sy *Triangu- lierung*

ξ *(E. Abelin)*

Der Begrif e von E. Abelin, einem Mitarbeiter

Im Zusam finierte er die Triangulierung als d ... von der konkreten Beziehung zu verinnerlichten Bildern führt (1971, S. 233).

Über die Bedeutung des Vaters in seiner Funktion als drittes Objekt hinausgehend wies er besonders auf das elterliche Paar und den durch die Paarbildung entstehenden Ausschluß des Kindes hin, wenn „das Kind die Eltern auch direkt *aufeinander* bezogen erlebt" (1975, S. 205, kurs. i. Orig.). Bei dem Kind entsteht nicht nur der Wunsch nach dem dritten Objekt, sondern es kommt als eine Reaktion auf die Erfahrung des Alleinseins angesichts des elterlichen Paares auch zur Entdeckung des Selbst. „Denn das Kind muß die Beziehung zu zwei besetzten Objekten verinnerlicht haben, um im Kontrast dazu eine inneres Selbstbild aufrichten zu können" (Rotmann 1978, S. 1127).

„Durch die ‚Triangulation' kann das Kleinkind sich selbst als Mitglied einer kleinen *Gruppe* sehen" (Abelin 1975, S. 206, kurs. i. Orig.).

Bei einem Scheitern der Triangulierung wären gleichzeitig „Defizite im Selbstbild, in der Objektliebe und in der Besetzung abstrakter Denkprozesse" zu erwarten (a. a. O.).

Die relativ klar formulierte Theorie wurde nicht ausreichend durch die Beobachtung gestützt. Zwar wurde in der Beobachtungsstudie von Mahler et al. berichtet, daß der Vater in der Zeit um den 18. Monat, während der Wiederannäherungskrise, eine wichtige Rolle für das Kind einnahm, aber auch zuvor konnte eine vielfältig ausgestaltete Beziehung zwischen Vater und Kind beobachtet werden. So gab es z. B. eine spezifische Reaktion des Lächelns auf den Vater vor dem 6. Monat, die manchmal zu dessen Bevorzugung vor dem 9. Monat führte (Abelin 1971, S. 237).

In der Übungsphase wurde der Vater zusammen mit den Geschwistern zu neugierig erforschten dritten Objekten außerhalb der Beziehung zur Mutter.

Ähnlich wie auch Herzog (1985) beobachtete Abelin deutliche Unterschiede im Modus, in dem Mutter und Vater mit dem Kind umgingen. Der Vater wurde nach der Arbeit mit „größerer Freude und Aufregung" begrüßt, als es die Mutter den ganzen Tag über erfuhr (a. a. O., S. 239). Der Vater wurde mehr als die Mutter in kinästhetische, körperbetonte Spiele hineingezogen, während sich das Kind, wenn es ermüdet oder angestrengt war, eher der Mutter zuwendete.

In der Phase der Wiederannäherung ist das Kind mit dem diskrepanten Bild zwischen der idealen symbiotischen und der real erlebten Mutter beschäftigt. Das Bild des Vaters ist weniger diskrepant und deswegen eignet er sich als drittes Objekt, mit dem sich das Kind außerhalb der Beziehung zur Mutter identifizieren kann: „Das Kind benötigt die Kontrastrepräsentanz eines dritten Objekts, um sich ... aus der Verschmelzung mit der Mutter-Imago loslösen zu können" (Rotmann 1978, S. 1127).

Da die Beobachtungen zur Bedeutung des Vaters aus der Studie von Mahler et al. nicht ausreichend waren, suchte Abelin weitere Anschauung in einer zwei Jahre andauernden Beobachtung in einer offenbar persönlich bekannten Familie (1975).[3]

Diese Beobachtung ergab das differenzierte Bild eines Kindes, das mit beiden Eltern eine frühe Abhängigkeitsbeziehung eingehen konnte: die Beziehung zum Vater schien sich „schon von den ersten Wo-

---

[3] Beobachtungen aus dem privaten Umfeld wie bei Abelin und offenbar auch bei Rotmann (1978, S. 1130 f.) weisen auf des Fehlen anschaulicher Studien hin. Es liegt auf der Hand, daß bei privaten familiären Beziehungen ein reflektierter Umgang mit der Subjektivität besonders schwierig ist.

chen an neben der Beziehung zur Mutter zu entwickeln und an vielen ihrer ‚symbiotischen' Qualitäten teilzuhaben. Von der Beobachtung her ist es daher schwierig zu behaupten, daß der Vater zu einem bestimmten Zeitpunkt ‚erscheint', als käme er von außerhalb" (a. a. O., S. 216).

Trotzdem blieb der Eindruck bestehen, daß im Alter von 15 Monaten die Separation von der Mutter schwieriger war (vgl. S. 215).

Abelins Aufmerksamkeit war allerdings besonders auf die Reaktion des Kindes gegenüber dem elterlichen Paar und der Erfahrung des Alleinseins ausgerichtet. Hier entsprach die Beobachtung gar nicht mehr seinen Erwartungen: „Statt Eifersucht gegen den einen oder anderen Elternteil zu entwickeln, ist es sein größtes Vergnügen, sie zu vereinen und dabei selbst im Hintergrund zu bleiben" (S. 219). So wurde Abelin unsicher über die Stichhaltigkeit seines Konzepts: „Vielleicht wehrte er die Erfahrung der frühen Triangulierung ab … Vielleicht wird die ‚frühe Triangulation', die als Problemstellung bereits im Alter von 18 Monaten anklingt, normalerweise erst sehr viel später bewältigt" (S. 220).

Weder in dieser noch in einer späteren, letzten Arbeit zu diesem Thema fand Abelin einen ausreichenden theoretischen Rahmen für seine Beobachtungen (1980, vgl. auch Schon 1995, S. 55 ff.). Er hatte nicht nur versucht, die Bedeutung des Vaters in den ersten beiden Lebensjahren innerhalb der Theorie M. Mahlers darzustellen, sondern sie auch mit der Entwicklungspsychologie von R. Spitz und J. Piaget in einen integrierenden Rahmen einzufügen. Dabei wurden die verfügbaren Beobachtungen offenbar von dem Anspruch des theoretischen Rahmens überlagert. Dazu kam, daß sich auch die unmittelbare Verknüpfung zwischen Wiederannäherung und früher Triangulierung in der Form eines sich gegenseitig bedingenden Zusammenhangs als zu sehr kausal gedacht erwies.

Der theoretische Rahmen hätte wohl flexibler gestaltet werden müssen, um die vielfältige Beteiligung des Vaters in den ersten Lebensjahren des Kindes aufnehmen zu können. Abelin schien zu sehr auf die Bemerkung Mahlers fixiert zu sein, der Vater erscheine dem Kind in der Wiederannäherung wie von außen kommend. Auch schien die Zeitangabe von 18 Monaten als zu eng gefaßt.

Vielleicht hätte die Beobachtung, daß das Kind mit Vater und Mutter unterschiedliche Modi bevorzugt und diese dem Kind daher unterschiedliche Erfahrungen anbieten, den Horizont öffnen können.

Trotz dieser Einschränkung bleibt die frühe Triangulierung ein wichtiges Konzept, wenn es weniger personenzentriert und mehr als ein Entwicklungsschritt, wie Abelin es ursprünglich zu konzeptualisieren suchte, angesehen wird. Dieser Schritt zeichnet sich durch die zunehmende Internalisierung und Symbolisierung der Objektbeziehungen aus. Durch diese Entwicklung kommt das Kind in die Lage, perspektivisch wahrzunehmen und sich selbst dadurch als Mitglied einer ersten Kleingruppe empfinden zu können.

Für diesen Prozeß sind triadische Beziehungsmuster notwendig, die sich deutlich von dyadischen Beziehungsformen unterscheiden. Diese Strukturen müssen nicht – so könnte man versuchsweise formulieren – mit dem Vater erlebt werden, aber es muß eine Person vorhanden sein, die auf der Basis einer sicheren dyadischen Beziehung abgegrenzte Kontrasterfahrungen vermitteln kann. Idealtypisch gesehen wäre die Vermittlung vieler dyadischer und triadischer Erfahrungen mit einer Person möglich. Allerdings wird der Spielraum mit einer Person – abgesehen von der Frage der Entwicklung der Geschlechtsidentität – erheblich eingeschränkt. Deshalb ist die Anwesenheit des Vaters und sein in der Regel abgegrenzterer Umgang hilfreich und erleichternd für diesen Prozeß, auch wenn die Zuordnung dyadischer und triadischer Erfahrungen nicht allzu schematisch vorgenommen werden sollten.

2.2.3. Erweiterung und Differenzierung der Bedeutung des Vaters (J. Herzog)

J. Herzog hat die Bedeutung des Vaters für die Entwicklung des Kindes in den ersten Lebensjahren anhand einer ausführlichen Beobachtungstudie untersucht. Er arbeitet dadurch näher an der Anschauung und weniger kategorial als andere Forscher. Er hat Familien in ihren Wohnräumen aufgesucht und sie dort über einen längeren Zeitraum beobachtet. Diese Beobachtungen hat er mit seinen klinischen Erfahrungen und der psychoanalytischen Theorie verbunden.

Bei einer ersten klinischen Untersuchung mit Jungen, die an schweren Schlafstörungen litten und deren Eltern sich in den Monaten vor Beginn der Symptomatik getrennt hatten, war er darauf aufmerksam geworden, wie sehr die Kinder auf die Trennung und auf das Fehlen des Vaters reagiert hatten (1980).

Ausgehend von dieser Untersuchung begann er eine der seltenen psychoanalytischen Beobachtungstudien im natürlichen Umfeld von klinisch unauffälligen Familien.

„Seit fast 10 Jahren nehme ich an einer Langstrecken-Beobachtung von 8 Familien teil. Sie findet in deren Zuhause statt. Die Beobachtungen begannen, als die Familien aus Mutter, Vater und einem Kind bestanden, das gerade ein Jahr alt geworden war. Ich verfolgte zu jener Zeit hauptsächlich das Ziel, etwas über die Vater-Kind-Interaktion in intakten Familien zu erfahren. Familien also, in denen sowohl der männliche wie der weibliche Elternteil in seinen charakteristischen Grundzügen zur Darstellung kommt" (1991, S. 34).[4]

In der Beobachtungsstudie arbeitete Herzog zunächst den Umgang der Väter mit den Kindern heraus. Er stellte fest, „daß Mütter im zweiten Lebensjahr sich eher homöostatisch auf ihre kleinen Kinder einstellen und daß Väter dies auf eine Weise tun, die ich disruptiv, das heißt zersprengend, nenne, d. h. sie führen ein anderes Programm ein und laden das Kind ein, mitzumachen, wohingegen die Mutter dazu tendiert, bei dem mitzumachen, was das Kind tut" (a. a. O., S. 35).

Das Verhalten der Väter unterschied sich insbesondere im aggressiven Bereich. Sie initiierten von sich aus Spiele, in denen die motorische Aktivität im Vordergrund stand. Immer wieder konnte Herzog beobachten, wie Kinder zunächst ruhig für sich spielten und der Vater „wie ein Kamikaze-Pilot" in das Spiel hineinkam und es aktiv veränderte (vgl. 1985, S. 480).

Später stellte er differenzierend fest, daß sich insbesondere die Söhne auf diesen Stil einließen, während die Töchter dazu tendierten,

---

[4] Bei dem Begriff „Langstrecken-Beobachtung" handelt es sich offenbar um die Übersetzung einer Longitudinal-Studie.

den Vater ihrerseits zu verändern und anfingen, ihm die homeostatischere „Muttersprache (zu) lehren" (1990).

Für die Frage der frühen Triangulierung ist der Befund wichtig, daß sich bei allen beobachteten Kindern ab dem 19. Lebensmonat ein von der Mutter unterschiedenes internalisiertes Bild des Vaters feststellen ließ (1985, S. 483). Herzog betonte in diesem Zusammenhang die Erfahrung, die das Kind mit dem Vater im Gegensatz zur Mutter internalisieren kann: der Vater scheint prädestiniert dafür zu sein, insbesondere die Erfahrung mit einem intensiven Affekt einzuführen. Diese Erfahrung nimmt die Gestalt eines Spannungsbogens an: die Eskalation des Affekts, das Ertragen und Tolerieren der affektiven Spannung und schließlich das Abklingen und Beendigen der Anspannung (vgl. 1985, S. 484).

Herzog stellt sich die Frage, ob der Vater der Modulator und Organisator eines intensiven Affektsystems ist, und antwortet, daß ein einzelner Elternteil, also z. B. eine alleinerziehende Mutter, nicht so frei ist, disruptiv zu sein und dem Kind die daraus resultierenden intensiven Erfahrungen im aggressiven Umgang zu ermöglichen wie das der sekundär hinzukommende Vater kann (a. a. O.).

In einem Vortragsmanuskript kritisierte er auch das Konzept von M. Mahler: „Jedoch spricht manches dafür, daß Kinder bereits mit der Bereitschaft zur Welt kommen, gleichzeitig Bindungen zu mehreren Personen, die für sie sorgen, aufzunehmen, ja sogar die Beziehungen zwischen ihnen zu erkennen. Der Vater ist von den ersten Stunden des nachgeburtlichen Lebens an die zweite Andere, jedenfalls wenn er wirklich zur Verfügung steht, und die Verbindung zwischen Vater und Mutter ist das dritte Andere ... das schon das kleine Kind sehr früh erkennt" (1994, S. 8).

Diese Erkenntnisse machen die frühe Triangulierung nicht überflüssig: „In der zweiten Hälfte des zweiten Lebensjahres läßt sich zeigen, daß in der Repräsentantenwelt des Kindes die sich ausfaltenden Bilder von Selbst mit Mutter, Selbst mit Vater und Selbst mit Mutter und Vater enthalten sind" (a. a. O., S. 8 f.).

Trotz dieser Differenzierung sieht auch Herzog den Vorrang der Mutter-Kind-Beziehung: „In den meisten Fällen kommt der Vater zu einem bereits in Gang befindlichen Zwei-Personen-Dialog hinzu, zumal dann, wenn die Mutter die hauptsächliche Versorgerin und der Vater der hauptsächliche Ernährer ist. Falls die Mutter Vaters Störenfriedfunktion ablehnt, kann diese auch dem Kind unwillkommen werden und so der Zugang zum Vater völlig verstellt werden" (a. a. O., S. 10). Herzog diskutiert nicht die Bedeutung der Triade zu einem bestimmten entwicklungspsychlogischen Zeitpunkt, sondern er fragt nach dem spezifischen Beitrag des Vaters zur frühen Entwicklung des Kindes. Er setzt die allgemeine Bedeutung des Dritten von Geburt an als selbstverständlich voraus und differenziert sie, indem er die spezifische Bedeutung der Triangulierung für die aggressive Triebentwicklung und die Spannung zwischen Aggression und Homeostase herausarbeitet. Im Rahmen dieser Sichtweise fragt er nach der Internalisierung der Objektbeziehungen in der Zeit um den 18. Monat.

Das Kind braucht die Erfahrung der aggressiven Auseinandersetzung für die Triebentwicklung. Diese Erfahrung läßt sich mit einer Person, die zugleich für die Versorgung und die Abhängigkeitswünsche zuständig ist, schwerer machen. Das Spektrum der affektiven Differenzierung kann eingeschränkt bleiben, wenn der Vater als Dritter, als der Mutter gleichgestellt und zugleich als unabhängig von ihr, nicht zur Verfügung steht.

Diese Erfahrung läßt sich nicht nur aus Fallberichten mit entsprechend gestörten Patienten, sondern auch aus der Beobachtung des familiären Alltags herleiten. Herzog hat den theoriegeleiteten Studien eine Anschauung voraus, die seine Ergebnisse erfahrungsnäher und unmittelbarer werden lassen. Durch die teilnehmende Beobachtung kann er den familiären Alltag offener aufnehmen als es in einer experimentellen Studie möglich ist. Er sieht die Eltern und die Kinder in ihrer häuslichen Umgebung. Die Beschreibung des Vaters wird dadurch differenzierter. Herzog kann eine dichte Verbindung zwischen Forschung und klinisch psychoanalytischer Erfahrung herstellen. Seine Ergebnisse haben unmittelbare Relevanz für das psychoanalytische Verständnis der Bedeutung des Vaters. Aus seinen Beobachtungen und seiner theoretischen Zusammenfassung läßt sich folgern, daß es nicht mehr um Fragen geht, ob der Vater etwa zu einem bestimmten Zeitpunkt der Entwicklung gebraucht wird oder aber ob er während der ganzen Entwicklung der Mutter gleichgestellt ist.

Vielmehr sollte es nun um die Frage gehen, welche Erfahrungen der Vater im Verlauf der Entwicklung vermitteln kann, für welche Funktionen er benötigt wird und welche Form die Triade zu welchem Entwicklungsabschnitt einnimmt. Damit öffnet sich der Blickwinkel auf triadische Strukturen über die gesamte Entwicklung hin und beachtet dabei den spezifischen Beitrag des Vaters.

2.3. Der abhängige und der kompetente Säugling – Relativierungen der empirischen Säuglingsforschung[5]

Die Diskussion der Säuglingsforschung an dieser Stelle mag zunächst verwundern, legen doch Stern und andere Forscher keine explizite Theorie zur Bedeutung des Vaters vor (vgl. etwa Stern 1995, S. 230 ff.). Aber da sie in ihrer Kritik an der Theorie von Mahler und anderen psychoanalytischen Entwicklungsforschern auch die bisherige Basis für die Bedeutung des frühen Vaters berühren, ist es notwendig, auf ihre Ergebnisse einzugehen.

2.3.1. D. Sterns wissenschaftliche Arbeit

Die empirische Säuglingsforschung ist systematischer vorgegangen als andere psychoanalytische Forscher. So fällt auf, daß Mahler et al. erst im Verlauf ihrer Studie dazu übergegangen sind, jüngere Kinder einzubeziehen und dadurch das Alter des Beginns der Beobachtung vorverlagert haben. Herzog begann seine Beobachtung, als die Kinder ein Jahr alt waren. Die empirische Säuglingsforschung dagegen

---

[5] Ich verwende den Begriff „empirische Säuglingsforschung", obwohl er tendenziell irreführend ist, weil er einen verengten Empiriebegriff suggeriert. Natürlich können sowohl klinische Daten wie auch die in Beobachtungsstudien gewonnenen Ergebnisse für sich den Status empirischer Forschung beanspruchen. Auch die Polarisierung beobachteter vs. rekonstruierter Säugling ist ähnlich irreführend. Sie erweckt den Eindruck, als ob nur die experimentell arbeitenden Forscher beobachtet hätten. Zutreffender ist wohl, daß sie objektivierend kontrollierter beobachtet haben.

hat ihre Beobachtungen in den ersten Lebenswochen der Säuglinge begonnen und systematisch fortgesetzt. Ein weiteres Charakteristikum ist die Systematik der Versuchsanordnung. Die Säuglinge werden „befragt", indem sie in „leicht beobachtbare" Situationen gebracht werden (Stern 1985, S. 63). Diese Befragung ist in den ersten Lebensmonaten „mehrere Minuten lang" am Tag möglich, im Zustand der „wachen Inaktivität" (a. a. O.). Von den in diesen Situationen gefundenen Ergebnissen wurde auf die subjektive Befindlichkeit des Säuglings geschlossen; ein Schluß, den Stern durchaus methodenkritisch reflektiert:

„Sobald wir Schlüsse auf die wirklichen Erfahrungen des Säuglings zu ziehen – d. h. Qualitäten des subjektiven Erlebens wie das Empfinden des eigenen Selbst mitzubedenken – versuchen, sind wir auf unser eigenes subjektives Erleben als wichtigste Inspirationsquelle angewiesen. Damit aber bewegen wir uns wieder im Bereich klinischer Rekonstruktion. Nur in der eigenen Lebens-Geschichte können wir solche Informationen finden – Informationen darüber, wie wir unser eigenes soziales Leben subjektiv erlebt haben" (a. a. O., S. 34).

Stern spricht die von mir schon erwähnte Bedeutung der Gegenübertragung für die Forschung an. Bei der Lektüre des Buches „Die Lebenserfahrung des Säuglings" blieb mir allerdings durchaus unklar, inwieweit dieser selbstgesetzte Anspruch in der Diskussion der Ergebnisse beachtet wurde.

Stern hat in seinem Grundlagenbuch „Die Lebenserfahrung des Säuglings" die wichtigsten Ergebnisse dieser Forschung zusammengestellt und in einen kohärenten theoretischen Rahmen gebracht, den er unter dem Aspekt der Entwicklung des Selbst darstellt.

Er hat in den ersten Lebensmonaten und -jahren vier Stufen der Selbstentwicklung beschrieben:
- das Empfinden des auftauchenden Selbst während der ersten zwei Monate,
- die Entwicklung des Kern-Selbst im Alter von etwa 5–6 Monaten,
- das subjektive Selbst in der Zeit zwischen dem 9. und 12. Monat und
- das verbale Selbst zwischen dem 15. und 18. Monat.

Mit dieser Theorie hat er die bis dahin weitgehend gültigen psychoanalytischen Entwicklungstheorien, insbesondere die von M. Mahler, radikal infrage gestellt.

Es läßt sich in der experimentellen Säuglingsbeobachtung keine autistische, aber auch keine symbiotische Phase, in der das „Erleben von Innen und Außen noch unbestimmt" ist, beobachten (Mahler et. al. 1975, S. 69).

Stern setzt dagegen, „daß der Säugling zunächst einmal das Empfinden eines Kern-Selbst und eines Kern-Anderen entwickeln muß, damit er Interpersonalität herstellen kann" (1985, S. 105).

„Die Beobachtungen legen überdies nahe, daß die Fähigkeit zu verschmelzungs- oder fusionsartigen Erfahrungen, wie sie in der Psychoanalyse beschrieben werden, von einem bereits vorhandenen Empfinden des Selbst und des Anderen abhängig und ihm gegenüber sekundär ist ... Zunächst erfolgt die Herausbildung des Selbst und des Anderen, danach erst werden verschmelzungsartige Erfahrungen möglich" (a. a. O.).

Deshalb betrachtet er „die Erfahrung der Zweisamkeit als aktive Integrationsleistung und nicht als passives Unvermögen, Differenzierungen zu entwickeln" (a. a. O., S. 147).

Wie Mahler sieht auch Stern eine krisenhafte Zuspitzung der Entwicklung im 2. Lebensjahr, die er aber anders begründet.

Hatte Mahler den im Zuge der Lösung aus der Symbiose entstehenden Wunsch nach Wiederannäherung als eine Krise im Beziehungserleben des Kindes gesehen, so sieht Stern die gleiche Krise als einen Ausdruck der Folgen des Spracherwerbs für das Selbst.

Der Spracherwerb ist ein zweischneidiges Schwert: ähnlich wie die Wiederannäherung evoziert er progressive und regressive Bewegungen. Er ermöglicht die verbale Verständigung und dadurch die Teilnahme an der Sprachgemeinschaft, aber er bedeutet auch einen Bruch mit der präverbalen Wahrnehmung, denn schließlich sind „bestimmte globale Erfahrungen auf den Ebenen der Kern-Bezogenheit und der intersubjektiven Bezogenheit (wie z. B. das eigentliche Empfinden eines Kern-Selbst) der Sprache nicht in dem Maße zugänglich, daß sie einen Teil herausgreifen und sprachlich transformieren könnte" (a. a. O., S. 248).

„Die meisten Anlässe zu Frustrationen gibt es wahrscheinlich zu Beginn des Spracherwerbs, weil Mutter und Kind auf den Ebenen der Kern-Bezogenheit und der intersubjektiven Bezogenheit viel Zeit hatten, ein non-verbales Interaktionssystem zu entwickeln. Das Aushandeln gemeinsamer Bedeutungen führt unweigerlich zu zahlreichen Mißerfolgen. Für ein Kind, das sich auf den früheren Stufen an eine reibungslose Verständigung mit der Mutter über den Sinn und Zweck des wechselseitigen Verhaltens gewöhnt hat, ist dies unter Umständen besonders frustrierend" (a. a. O., S. 252).

2.3.2. Die Kritik am Konzept der Symbiose

Die Ergebnisse der empirischen Säuglingsforschung haben bekanntlich zu einer radikalen Kritik an der Entwicklungspsychologie von M. Mahler geführt. Neben dem Konzept der frühkindlich normalen autistischen Phase, das auch von Mahler selbst schon infrage gestellt wurde (vgl. Stern 1985, S. 327; Bergman 1998, S. 23) und heute nicht mehr vertreten wird, führt insbesondere die Frage der symbiotischen Verbundenheit und die damit einhergehende Trennungsthematik zu Kontroversen.

„Für Mahler ist die Verbundenheit Folge mangelnder Differenzierung, für uns ist sie das Resultat erfolgreicher psychischer Aktivität" (a. a. O., S. 336).

Zwar geht auch Stern davon aus, daß während der Zeit vom dritten bis achten Lebensmonat „Gefühle der Verbundenheit und des interpersonalen Wohlbefindens vorherrschen." Aber: „Der Prozeß wird jedoch nicht als passiver Ablauf und auch nicht als von vornherein festgelegt angesehen. Er ergibt sich vielmehr, indem der Säugling aktiv Repräsentationen der Interaktionen mit den das Selbst regulierenden anderen Personen ... entwickelt" (S. 335).

In der Sprache Sterns fällt die Vorsicht auf, mit der er jeden intentionalen oder gar triebhaften Wunsch vermeidet. Dadurch muß er umständlich und ganz am äußeren Verhalten bleibend einen reinen Beobachtungsprozeß beschreiben. Die symbiotische Verbundenheit „ergibt sich" für ihn, indem der Säugling aktiv etwas entwickelt.

Die Symbiose wurde bei Mahler nicht nur als omnipotente Gefühle auslösende Verbundenheit, sondern auch als Reizschutz verstanden. Auch hier setzt die Kritik an:

„Die Grundannahme, daß Phantasien die einer Entwicklungstheorie gemäßen Einheiten seien, muß nachdrücklich in Frage gestellt werden ... Der hier vertretene Standpunkt beruht auf der gegenteiligen Annahme – der Annahme nämlich, daß Säuglinge von Anfang an vor allem die Realität erleben. Ihre subjektiven Erfahrungen unterliegen keinen wunsch- oder abwehrbedingten Verzerrungen, sondern nur solchen, die aufgrund perzeptiver oder kognitiver Unreife oder Übergeneralisierung unvermeidlich sind" (S. 354).

Leider läßt Stern in seinen Ausführungen offen, ob und wie Säuglinge auch die existentielle Abhängigkeit, die doch für viele Psychoanalytiker der Ausgangspunkt ihrer Überlegungen zur frühkindlichen Situation war, erleben.

Während Stern seine Kritik moderat vorgetragen und sich mittlerweile mehr der therapeutischen Anwendung seiner Befunde zugewandt hat (vgl. 1995), scheint sich M. Dornes darauf zu spezialisieren, mithilfe der Befunde anderer Forscher die psychoanalytische Entwicklungspsychologie grundlegend widerlegen zu wollen.

Schon 1993 stellte er aufgrund der Ergebnisse der Säuglingsforscher kategorisch fest: „Mahlers Konzept der Symbiose ist im Licht der bisher dargestellten Fähigkeiten des Säuglings unhaltbar" (S. 75).

Allerdings mußte er sich in der folgenden Zeit trotz dieser Emphase mit dem Phänomen auseinandersetzen, daß Säuglinge offenbar doch symbiotische Empfindungen haben und daß diese Empfindungen zudem für Erwachsene universal sind. Er gestand zu, daß symbiotische Empfindungen „einerseits anthropologische Universalien sein könnten", entwickelte aber die Vorstellung, daß diese „andererseits aber ihre prägende Kraft dennoch erst durch interaktionelle Bedeutungsvergrößerung erhalten" (1997, S. 169).

So wurden pathologische Erwachsene für mögliche spätere symbiotische Probleme der Kinder verantwortlich gemacht: „Die psychologische Bedeutsamkeit dieser Momente ergibt sich weniger aus den sie begleitenden intrinsischen körperlich-affektiven Empfindungen und mehr aus dem elterlichen Umgang damit" (a. a. O., S. 165).

„Bei *manchen* Individuen werden symbiotische Momente durch elterliche Reaktionen aufgeladen – vermutlich bei denen, die später klinisch auffällige Symbioseprobleme haben. Bei anderen sind sie Momente unter anderen und ohne besonderes Gewicht" (S. 166, kurs. i. Orig.).

Das klingt so, als ob symbiotische Empfindungen flüchtig und ohne größere Bedeutung blieben und bei entsprechender Haltung der Eltern bald abklingen würden. Auch bei der Diskussion der Wiederannäherungskrise wählte Dornes eine ähnliche Argumentation. Wiederum erkannte er die Phänomene dieser Krise an, machte aber erneut die Eltern dafür verantwortlich, indem er argumentierte, diese wollten sich von sich aus von der präverbalen Nähe zu ihren Kindern absetzen und würden dadurch erst die Probleme des Kindes erzeugen.

Die Eltern würden im entsprechenden Alter der Kinder „ambivalent, inwieweit sie noch Bedürfnissen der Kinder, die auf sie gerichtet sind, nachgeben sollen, weil sie befürchten, von den Ansprüchen der Kinder ‚verschlungen' zu werden. Diese elterliche Ambivalenz wird von den Kindern gespürt und ruft in ihnen Zwiespalt und Unsicherheit über die elterliche Verfügbarkeit hervor" (S. 175).[6]

Eine der wesentlichen Erkenntnisse Freuds ist die Einsicht in die triebhafte Natur des Menschen und die daraus entstehenden Konflikte. Diese Erkenntnis entstand aus der Selbstanalyse und aus dem psychoanalytischen Umgang mit Patienten.

Dieser klinische Blick hat seither das Selbstverständnis der Psychoanalyse bestimmt.

Dornes dagegen entwickelt eine Theorie der Selbstwerdung, die nur von außen gestört werden kann (vgl. 1993, 1997). Das Kind wird dadurch zum Opfer seiner Umwelt und seiner Eltern, was letztlich einen Rückfall im Verständnis der neurotischen Entwicklung in traumatheoretische Vorstellungen bedeutet.

Trotz dieser Einschränkungen bleibt festzuhalten, daß Stern in sei-

---

[6] Es ist interessant, zu sehen, wie Stern und Dornes unterschiedliche Wege gehen, um angesichts der Unzulänglichkeit der empirischen Ergebnisse ihre theoretischen Prämissen zu halten. Stern schwächt den affektiven Gehalt der Beziehung ab, während Dornes die Erwachsenen pathologisiert.

nem Buch eindrucksvolle Ergebnisse präsentiert hat, die die psycho-analytische Entwicklungspsychologie zweifellos beeinflussen. Ausgehend von diesen Ergebnissen hat er weitreichende theoretische Veränderungen postuliert.

Er sieht zwar sowohl die symbiotische Übereinstimmung zwischen Mutter und Kind wie auch in der Loslösung aus der präverbalen Verständigung ähnliche krisenhafte Phänomene wie Mahler, ordnet sie aber theoretisch völlig anders ein. Seine Kritik betrifft, wie erwähnt, nicht nur die Theorie der Symbiose und der Loslösung, sondern darüber hinausgehend auch weitere Grundannahmen der psychoanalytischen Entwicklungstheorie.

2.3.3. Zwei Fragen an die empirische Säuglingsforschung

Überblickt man die von Stern durchgeführten und referierten Studien und vergleicht sie mit klinisch gewonnenen psychoanalytischen Erkenntnissen, so lassen sich die entstandenen Diskrepanzen meiner Meinung nach unter zwei Gesichtspunkten diskutieren:

– Was wird in der nachgeburtlichen Zeit aus dem Rhythmus zwischen Mutter und Kind, der sich während der Schwangerschaft entwickelt hat?

Für viele Psychoanalytiker geht das symbiotische Zusammenspiel zwischen Mutter und Kind aus der Schwangerschaft hervor und soll die vorgeburtliche Erfahrung noch eine Weile und partiell aufrecht erhalten, um sie dann in abgegrenztere Objektbeziehungen übergehen zu lassen. Die empirischen Säuglingsforscher äußern sich, soweit ich sehe, nicht zu dieser Frage. Die Entwicklung beginnt bei Stern mit dem auftauchenden Selbst. Woher es aber auftaucht, bleibt offen. Zwischen der Schwangerschaft, der Geburt und dem 2. Monat bleibt eine Lücke.[7]

---

[7] Auch bei Stern (1995) scheint es nur – allerdings auch interessante – neurophysiologische Überlegungen zu diesem Thema zu geben.

– Wie läßt sich die existentielle Abhängigkeit des Säuglings mit den neu erforschten Kompentenzen in Beziehung setzen?

Bei einem ersten Blick in die Literatur fällt auf, daß die Abhängigkeit für die empirische Säuglingsforschung kein herausragendes Thema zu sein scheint.

Für alle Psychoanalytiker dagegen, die sich mit der frühen Kindheit beschäftigt haben, ist die Abhängigkeit eine wesentliche Voraussetzung, auf der das Zusammenspiel zwischen Mutter und Kind, die Suche nach der Harmonie (Ferenczi, Balint) und die Bedürfnisbefriedigung (Mahler) aufbaut.

Stern diskutiert die Abhängigkeit unter dem Begriff der Regulation. „Der Säugling ist mit einem anderen Menschen zusammen, der sein Selbsterleben reguliert. In diesem Sinne ist der Andere ein *das Selbst regulierender Anderer*" (1985, S. 148, kurs. i. Orig.).

„Im Grunde ist im Alter von zwei bis sieben Monaten ein enormer Teil des gesamten Affektspektrums, das vom Kind wahrgenommen werden kann, nur in Gegenwart und durch die interaktive Vermittlung eines Anderen erlebbar, ... Diese frühkindlichen Erfahrungen, nämlich die Befriedigung des Nahrungsbedürfnisses und der Übergang von wacher Müdigkeit zum Schlaf, haben seit jeher die Psychoanalyse beschäftigt. Mit all diesen Regulationsvorgängen ist eine dramatische Veränderung des neurophysiologischen Zustands verbunden" (a. a. O., S. 150).

Stern argumentiert innerhalb einer Textpassage mit zwei einander widersprechenden Darstellungen der Abhängigkeit. Einerseits behauptet er, „Sicherheit und Bindung ... stellen gemeinsam geschaffene Erfahrungen dar" (ebd., S. 149). Andererseits beschreibt er den eben zitierten Rahmen der Versorgung und Bedürfnisbefriedigung, von dem das Kind zweifelsohne existentiell abhängig ist (vgl. S. 150).

Der Begriff „das Selbst regulierender Anderer" soll wohl einen Ausweg aus diesem Dilemma darstellen, indem er rein objektivierend eine Tätigkeit beschreibt und dabei jede Bedeutungsgebung vermeidet. Nimmt man aber den Aspekt der existentiellen Abhängigkeit hinzu, so erscheint der Begriff eher wie eine Verniedlichung.[8]

[8] Den Begriff „das Selbst regulierender Anderer" verwendet Stern übrigens in seinem letzten Buch „Die Mutterschaftskonstellation" (1995) nicht mehr.

Ich möchte nun zur weiteren Diskussion der beiden erwähnten Fragen, immer unter Berücksichtigung der Bedeutung des Vaters, den Rahmen erweitern. Dazu erlaube ich mir einen Kunstgriff und will Stern sozusagen mit sich selbst konfrontieren, indem ich sein „Tagebuch eines Babys" (1990) als eine Ergänzung zu seinen empirisch kontrollierten Arbeiten hinzuziehe.

2.3.4. D. Sterns anschauliche Erfahrung

Stern hat ein einfühlsames „Tagebuch eines Babys" geschrieben. Er stellt sich das Selbsterleben eines Säuglings in den ersten Lebensmonaten vor und versucht, die präverbale Erfahrung so anschaulich wie möglich in sprachliche Bilder zu bringen. Dabei orientiert er sich an den von ihm empirisch und theoretisch dargestellten Altersstufen der Selbstentwicklung.

Doch ist das „Tagebuch", anders als die „Lebenserfahrung", keine Sammlung von Experimenten und streng kontrollierten Beobachtungen, sondern eine zwar auf dieser Grundlage, aber offensichtlich auch aus anderen Quellen inspirierte Darstellung des Säuglings.

2.3.4.1. Die Abhängigkeit

Das „Tagebuch" beginnt mit der Schilderung eines zwei Monate alten Säuglings, der, während er aufwacht, langsam den Raum, die Sonne, die ihn umgebenden Gegenstände wahrnimmt und dabei angenehme Licht- und Klangempfindungen hat. Dann bekommt er zunehmend Hunger. Stern versucht, das Selbstempfinden zu beschreiben:

„Ein Sturm droht loszubrechen. Das Licht wird metallisch. Die Wolkenparade am Himmel bricht auseinander. Himmelsfetzen zerstieben in alle Richtungen ... Die Welt zerfällt ...

Das Unbehagen wächst. Es breitet sich vom Zentrum her aus und verwandelt sich in Schmerz.

Genau im Zentrum bricht jetzt der Sturm los. Genau im Zentrum wird er stärker und geht in pulsierende Wellen über. Die Wolken treiben den Schmerz hinaus, ihr Sog zieht ihn jedoch zurück nach innen ... Die Welt ist ein einziges Brüllen" (1990, S. 38).

Stern kommentiert:

„Hunger ist eine überwältigende Erfahrung, ein Bedürfnis, ein Trieb. Er rast durch das Nervensystem eines Säuglings wie ein Orkan, unterbricht dabei alles, was vorher war, und setzt vorübergehend jedes geordnete Verhalten und Erleben außer Kraft" (1990, S. 39).

Die Mutter hört das Schreien des Kindes und fängt zunächst an, ihn mit ihrer Stimme zu beruhigen, um ihn dann zu stillen. Stern versucht, das Erleben des Kindes in Worte zu fassen: „Sofort ist die Welt eingehüllt. Sie wird kleiner und langsamer und sanfter. Die Hülle schiebt die weiten leeren Räume hinweg. Alles verändert sich. Ein vages Versprechen quillt hervor. Die pulsierenden Explosionen und Einbrüche werden gezähmt" (a. a. O., S. 42).

Stern faßt diese Erfahrung zusammen: „Joey wird sein ganzes Leben lang das Bedürfnis und den Wunsch nach Umarmungen haben, wenn seine Gefühle – egal in welchem Alter – verletzt werden, wenn er sich einsam, unsicher oder traurig fühlt" (S. 44). Und weiter: „Die lebenswichtige Verbindung zwischen dem Zyklus Befriedigung-Wohlbefinden-Belebung und der Anwesenheit, dem Gesicht und den Handlungen der Mutter ist jetzt und für lange Zeit in Joeys Leben hergestellt" (S. 49).

In der anschaulichen Beschreibung der frühen Mutter-Kind-Interaktion lockert sich die wissenschaftlich kontrollierte Darstellung. Es zeigt sich, daß das experimentell erforschte Zeitfenster „wache Inaktivität" nicht ausreicht, um das Erleben des Säuglings zu beschreiben. Zu viele Fragen bleiben dabei offen. Zwar tendieren die Säuglingsforscher dazu, den Zuständen hoher Intensität (Stillen etc.) generell geringere Bedeutung im Alltagsablauf des Säuglings beizumessen als klinische Psychoanalytiker. Aber Stern schreibt auch:

„Wir wissen fast nichts über die Fähigkeit des Säuglings, während der Zustände hoher Aktivierung bei verzweifeltem Hunger oder der sehr niedrigen Aktivierungszustände, wenn er satt und schläfrig ist, äußere Reize aufzunehmen oder sich auf irgendwelche Wahrnehmungsvorgänge zu konzentrieren. Die heutigen experimentellen Methoden haben uns keinen Einblick in diese Zustände gewährt" (1985, S. 331).

Die Gegenüberstellung dieser beiden Zitate, die aus ganz unterschiedlichen Texten stammen, zeigt die Beschränktheit nur eines methodischen Zugangs zum Erleben des Säuglings auf.

Der Säugling ist in der geschilderten Szene in allen wesentlichen Belangen ganz von der Mutter abhängig. Was könnte er auch, bei aller experimentell beobachteten Kompetenz, zur Beruhigung in dieser Situation beitragen? Er kann zwar die Stillsituation selbst, ihre Dauer und Intensität wie auch ihren Rythmus, mitgestalten. Aber der globalen Situation der Bedürfnisbefriedigung ist er passiv-empfangend ausgesetzt. Er kann nicht beeinflussen, ob die Mutter ihn sofort stillt oder ihn noch eine Weile schreien läßt, weil etwa andere familiäre Ereignisse oder auch ihre Stimmung sie noch von ihrer Zuwendung abhalten. Er ist lebenswichtig auf seine Umgebung angewiesen.

Die Welt, die ihn einhüllt, kann er nicht beeinflussen. Wer derart in Not ist, wie Stern den hungrigen Säugling beschreibt, gestaltet keine Szene mit, sondern ist froh, wenn er beruhigt wird. Die Stimme der Mutter, die das Stillen ankündigt, ist durchaus wie eine „halluzinatorische Wunschbefriedigung", die eine Antizipation der Befriedigung und damit eine erste, vorübergehende Beruhigung ermöglicht.

Stern beschreibt nicht die gegenseitige Gestaltung eines Dialogs, wie er sie theoretisch postuliert, sondern er beschreibt einen Säugling, der sich in die einhüllende Beruhigung der Mutter hineinleiten läßt. Auch wenn er in gesättigtem und wachem Zustand zwischen sich und anderen differenzieren kann, ist die Hülle, die sich um ihn legt, doch seine primäre Erfahrung. Es fällt schwer, für diese Form der Umhüllung, des umfassenden Aufnehmens des existentiellen physischen und psychischen Schmerzes einen anderen Begriff als den der Symbiose zu finden.

Im Vergleich zu dieser primären Erfahrung ist die Gestaltung des Kontaktes sekundär. Diese einhüllende Erfahrung wird, darauf weist Stern hin, für das ganze Leben prägend sein.

In dieser Darstellung Sterns gibt es, etwa im Vergleich zu Balint oder Winnicott, keine grundsätzlichen Differenzen, wie er sie zuvor in der „Lebenserfahrung des Säuglings" postuliert hat. Wollte man Symbiose einseitig als „undifferenzierte Wahrnehmung" bezeichnen, so wäre die Kritik an Mahler angemessen.[9] Sieht man Symbiose dagegen als einen primär angelegten Wunsch nach einer „harmonischen Verschränkung" (Balint 1968, S. 81), als eine Fortsetzung der vorgeburtlichen Bezogenheit im Sinne einer „Zweieinheit innerhalb einer gemeinsamen Grenze" (Mahler et. al. 1975, S. 62), dann läßt sich das Konzept nicht so schnell zurückweisen, wie Stern und andere es versuchen. Gerade angesichts der Abhängigkeit des Säuglings fungiert das Streben nach Symbiose als Reizschutz. In diesen Zusammenhang hat auch Mahler das Bedürfnis nach Symbiose gestellt (vgl. S. 63).

2.3.4.2. Symbiotische Zeiten

Im zweiten Abschnitt des „Tagebuches" ist das Baby 4,5 Monate alt. Anders als Mahler, die in dieser Zeit die symbiotische Phase gesehen hat, beschreibt Stern jetzt sehr ausführlich, wie das Kind „seine eigene körperliche Existenz als von der seiner Mutter getrennt" erleben kann (1990, S. 58). Es wird dem Kind „klar, daß bestimmte Gefühlszustände, beispielsweise Freude oder Hunger, nur ihm allein gehören" (a. a. O.).

Innerhalb dieser Differenzierung entfaltet sich ein intensiver Dialog in Form des Blickkontakts zwischen Mutter und Kind. „Ja, man kann sagen, daß es in dieser Lebensphase kein bedeutsameres Ereignis gibt als den Blickkontakt" (a. a. O., S. 53).

Innerhalb des Dialogs nimmt sich das Kind „auch zum ersten Mal als ein ‚Handelnder' wahr, der in der Welt etwas bewirken kann. Allein ein Drehen seines Kopfes bewirkt bereits, daß sich die Szenerie ringsum verändert" (S. 57).

Stern schildert ein Spiel zwischen Mutter und Kind, in dem sich die Mutter nach einem ausgelassen lebendigen Blickkontakt zurückzieht. „Dann lehnt sich seine Mutter wieder zurück und legt eine kleine Pause ein, um seine spannungsvolle Erwartung zu steigern. Wieder

---

[9] Mahler u. a. haben übrigens durchaus wahrgenommen, daß der Säugling zwischen Innen und Außen, z. B. zwischen einem Lichtschein und einem Hungergefühl, differenzieren kann (1975, S. 68). Sie haben eine andere theoretische Gewichtung vorgenommen.

beugt sie sich zu Joey, um ihm einen kleinen Nasenstüber zu geben, und dieses Mal verzieht sich ihr Gesicht zum Scherz noch etwas bedrohlicher als zuvor. Joey reagiert mit steigender Anspannung und Aufregung. Sein Lächeln wird starr und sein Ausdruck wechselt zwischen Freude und Angst. Joeys Mutter scheint die Veränderung nicht bemerkt zu haben. Nach einer weiteren spannungsgeladenen Pause nähert sie sich seinem Gesicht noch ausgelassener als zuvor, wobei sie ‚ooooh' macht, in anschwellender Lautstärke. Nun verdüstert sich Joeys Gesicht. Er schließt die Augen und wendet den Kopf ab. Seine Mutter bemerkt jetzt, daß sie zu weit gegangen ist und hört mit dem Spiel auf. Einen Augenblick tut sie gar nichts. Dann flüstert sie leise mit ihm und lächelt ihn einladend an. Langsam wendet er sich ihr wieder zu" (S. 62 f.).

Stern kommentiert, daß „die Leere und Mattigkeit" des Gesichts der Mutter das Kind beunruhigt:

„Gerade ihre dumpfe Teilnahmslosigkeit muß ihm unheimlich erscheinen, da er ja aus ihrem Gesicht als seiner einzigen und unmittelbaren Quelle alle Reize seines Lebens schöpft" (S. 65).

„Was Babys jedoch ganz besonders bestürzt, ist ein plötzlicher Abbruch der gemeinsamen Nähe. Sie sind völlig perplex, wenn das Gesicht der Mutter unvermittelt ausdruckslos und leer wird, und wenn es ihnen nicht gelingt, irgendeine Reaktion in ihr auszulösen" (S. 65 f.).

Wiederum muß zwischen Kompetenz und globaler Abhängigkeit differenziert werden. Auch wenn das Baby „die verwickelten Spielregeln des vielschichtigen und komplexen Dialogs" (S. 60) bereits beherrscht, verliert sich das Kind in der Leere und findet sich erst im Kontakt mit der Mutter wieder. Stern beschreibt erneut eindrucksvoll, wie das Kind existentiell auf die Mutter angewiesen ist, denn schließlich schöpft „er ja aus ihrem Gesicht als seiner einzigen und unmittelbaren Quelle alle Reize seines Lebens" (S. 65).

Das Lächeln der Mutter „bewirkt nicht nur, daß er zurücklächelt, sondern haucht ihm geradezu neues Leben ein." (S. 70). Die Verschränkung zwischen Mutter und Kind geht auch für Stern so weit, daß er schreibt: „In dem Moment, wo beide abwechselnd lächelnde

Blicke austauschen, faßt Joey dies vermutlich als gemeinsames Auslösen einer Handlung auf" (S. 72)!

Wenn das Kind auch in seiner wachen Wahrnehmung zwischen sich
und der Mutter unterscheiden kann, so sind doch Verschmelzungs-
erfahrungen nicht „einfach eine Art des Zusammenseins mit einem
Anderen" (1985, S. 159), wie Stern noch in der Zusammenfassung
der experimentellen Forschung bagatellisierend behauptet hat. Bleibt
man bei der Annahme, daß der Säugling auch in den ersten Lebensmonaten eine Wahrnehmung seiner Abgegrenztheit hat, so sollte man
zumindest einen intensiven Wunsch in der Form eines primären Bedürfnisses annehmen, diese Grenzen symbiotisch aufzuheben. Zu un-
erträglich wäre es wohl auch, sich in dieser frühen, abhängigen Welt
allein zu fühlen.

Stern fügt seiner Beschreibung der Mutter-Kind-Welt noch eine
wichtige Anmerkung bei. Die gemeinsame Welt des Blickkontakts
bezeichnet er auch als ein Gefängnis.

„Ob er will oder nicht, Joey wird in dieser Welt gefangen sein,
zumindest bis er fünfeinhalb oder sechs Monate alt ist" (S. 56).

Der Säugling ist auf die entsprechende Bereitschaft seiner Mutter
physisch und psychisch angewiesen. Stern verwendet für diese Abhängigkeit das äußerst prägnante Bild der Gefangenschaft.

Wer aber gefangen ist, wird sich irgendwann befreien wollen. Stern
schildert einen fesselnden und einengenden Beziehungsaspekt, der in
seiner Selbsttheorie überhaupt nicht vorkommt. Die notwendige Lösung aus der Gefangenschaft der symbiotischen Nähe hat Mahler
beschrieben. Stern dagegen versucht, den Beziehungsaspekt in seiner
Theorie zu umgehen, die dann notwendigerweise unvollständig
bleibt, wenn er im „Tagebuch" das Erleben des Säuglings schildert.

In diesem Kapitel des „Tagebuchs" läßt Stern übrigens erstmals den
Vater auftreten. Im Vergleich zu der innigen, symbiotisch anmutenden
Übereinstimmung mit der Mutter fällt die Distanz zwischen Vater und
Sohn auf.

Stern läßt sich eine Szene einfallen, in der der Vater den Sohn an
einem Sonntagmorgen zu einem Brunch bei Freunden mitnimmt. Es
wird keine dialogische Szene zwischen Vater und Sohn geschildert.
Der Vater trägt den Sohn in der Gesellschaft auf dem Arm mit sich

herum und dieser erlebt von dort aus einen ersten erweiterten sozialen Rahmen (vgl. S. 78 ff.). Diese Darstellung der Vater-Sohn-Beziehung steht ganz in der Tradition von Mahler und Abelin. Der Vater steht außerhalb der Mutter-Kind-Beziehung. Er nimmt das Kind mit in die Welt außerhalb der Familie, er bahnt den Weg nach außen. Anscheinend bleibt Stern in seinem Verständnis der Rollen von Mutter und Vater ganz in traditionellen Vorstellungen.

2.3.4.3. Intersubjektivität und Abhängigkeit

Auch in der nächsten Szene, die die Bildung des intersubjektiven Selbst im Alter von 12 Monaten beschreibt, dominiert die Mutter-Kind-Beziehung.

Stern schildert die Entwicklung der Intersubjektivität. Zum einen entdeckt das Kind, daß es „seine eigene private Gedankenwelt besitzt, also psychische Landschaften, die anderen verborgen bleiben, solange er sie ihnen nicht zu zeigen versucht. Die andere Entdeckung ist die Möglichkeit, die eigene Gedankenwelt mit einer anderen Person zu teilen" (S. 89).

Die neu erworbene Fähigkeit der aufrechten Fortbewegung führt zu einer weiteren Entwicklung, die die Beziehung erneut in den Mittelpunkt stellt. In Sterns Beispiel ist die Mutter mit dem Kind in einer Bahnhofshalle. Das Kind entfernt sich von der Mutter und erforscht neugierig den Raum. Dabei verliert es schließlich den Kontakt zur Mutter. Es gerät in Panik und fängt zu schreien an. Die Mutter hört ihn und kann ihn schließlich wieder beruhigen (S. 97 ff.).

Die Szene entspricht frappierend Mahlers Subphase des Übens. Das Kind entfernt sich von der Mutter, es erforscht die Welt und braucht sie doch zugleich zuverlässig zum Auftanken.

„Jede noch so kurze Trennung ist für ein einjähriges Kind wohl die furchterregendste aller Erfahrungen. In solchen Momenten zeigt sich, wie sehr Wohlbefinden und die Ausgeglichenheit eines Kindes davon abhängen, daß seine vorrangige Bezugsperson es mit seiner Anwesenheit emotional trägt. Sie ist für seine Seele wie Sauerstoff für die Lunge, ohne den das Kind innerhalb von Sekunden in Panik gerät.

Diese Trennungsangst drückt sich zum Teil sehr wahrscheinlich in dem Gefühl des Zersplitterns, des Verlusts der eigenen Grenzen, des Verschwindens in einer leeren, einsamen Unendlichkeit aus" (S. 105). Erneut fällt es schwer, bei der Schilderung dieser immer noch existentiellen Abhängigkeit das Bild des abgegrenzten, kompetenten Säuglings in den Vordergrund zu rücken. Wenn die Mutter für das Kind „wie Sauerstoff für die Lunge" ist, verwendet Stern gerade das Bild einer unabgegrenzten, in sich verschränkten Dyade. Damit schließt er sich übrigens Balints Verständnis an, der ganz selbstverständlich von der Symbiose und der Abhängigkeit des Säuglings ausgegangen ist: „Die Luft-Umwelt muß einfach da sein; solange dies der Fall ist, solange wir genügend Luft zum Atmen haben, nehmen wir dies als selbstverständlich hin, sie ist kein Objekt, nichts von uns Getrenntes, wir brauchen und gebrauchen sie ... wir leben mit der Luft in einer fast harmonischen gegenseitigen Durchdringung" (1968, S. 82).

2.3.4.4. Loslösungsprozesse

Aus der unabgegrenzten Beziehung zwischen Mutter und Kind ergibt sich auch für Stern notwendigerweise das Thema der Trennung und Loslösung.

Im Alter von etwa 20 Monaten entsteht das verbale Selbst, das dazu führt, daß die Welt in globale präverbale Erfahrungen und in „strengere" verbale Kategorien unterteilt wird (1990, S. 119). Stern spricht davon, daß eine Welt zerschnitten wird (a. a. O.), um die krisenhafte Veränderung in dieser Zeit zu beschreiben.

In seinem theoretischen Denken betrifft diese Veränderung das Selbst und den Übergang zur sprachlichen Verständigung, während Mahler die Krise mit der Loslösung und Wiederannäherung an die symbiotische Beziehung zur Mutter in Verbindung bringt.

Die Beispiele, die Stern für diesen Prozeß wählt, überraschen erneut, weil sie den Loslösungsprozeß und die Rolle des Vaters in der Triangulierung geradezu exemplarisch beschreiben, obwohl Stern dies von seiner Theorie her gesehen nicht beabsichtigen kann.

Im ersten Beispiel wacht das Kind morgens um 7.05 Uhr auf und es fühlt sich in seinem Zimmer einsam: „Mein Zimmer ist so still. Ich bin ganz allein hier drin. Ich möchte dahin gehen, wo Mami und Papa sind" (S. 121). Er geht „rasch in das Schlafzimmer seiner Eltern und klettert zu ihnen ins Bett. Er schlüpft zwischen ihnen unter die Decken und gräbt sich regelrecht ein. Seine Eltern sind nun natürlich hellwach geworden. Nach einer Weile sagt sein Vater zu ihm: ‚Na, mein kleiner Strolch?'. Joey antwortet, in die Decken vergraben: ‚Ssrrolss'. Sein Vater verbessert ihn liebevoll: ‚Ja, Strolch.' Joey versucht es noch einmal: ‚Strolch.' Sein Vater lacht und sagt: ‚Ja genau, du bist mein kleiner Strolch'" (a. a. O.).

In dem zweiten Beispiel sitzt der Junge wenige Minuten später in seinem Zimmer auf dem Boden und sieht einen Sonnenstrahl auf dem Boden:

„Er sieht das Licht an. Er berührt es mit der Hand. Er beugt sich hinunter und berührt den Sonnenstrahl mit den Lippen" (S. 127). In diesem Moment kommt die Mutter hinzu. „Sie ist überrascht und etwas angeekelt. Sie ruft: ‚Laß das sein! Joey, was tust du da?' Joey hält abrupt inne. Er starrt auf das Sonnenlicht und blickt dann seine Mutter an" (a. a. O.).

Die Mutter sieht, daß sie ihn erschreckt hat und versucht, ihn zu besänftigen: „Es ist doch nur Licht auf dem Fußboden. Den Sonnenschein kann man doch nicht essen! Er ist schmutzig" (a. a. O.).

Stern interpretiert das Spiel mit dem Sonnenstrahl als den Versuch einer Rückkehr in die vorsprachliche, ganzheitliche Welt. „Joeys Mutter jedoch ist bestürzt, sie möchte ihn davon abhalten. Ihr Ruf ‚Laß das sein!' ist wie ein Donnerschlag, der seine träumerische Stimmung brutal unterbricht ... Ohne es zu wollen, zertrümmert sie fast systematisch Joeys vorsprachliche, ganzheitliche Welt Stück für Stück ... Die Worte seiner Mutter zwingen ihn in eine gewisse Distanz zu seinem eigenen Erleben" (a. a. O., S. 131 f.).

Stern will zwar ein Selbsterleben illustrieren, aber er schildert auch ein intensives Beziehungserleben. Dabei ist es auffällig, daß er die Mutter als wesentlich disruptiver als den Vater darstellt. Sie steht in dem Beispiel für die Trennung von der präverbalen Welt. Damit treibt sie zugleich auch die Trennung aus der symbiotischen Nähe voran.

Der Vater dagegen reagiert wesentlich gelassener. Stern führt sein Beispiel so aus, daß der Vater mit dem Kind eine Sprachübung macht.

An der scheinbar kognitiven Übung erscheint aber zunächst wichtiger, daß der Vater nicht so aggressiv wie die Mutter reagiert. Der Leser könnte annehmen, daß die Eltern über den frühmorgendlichen Besuch nicht besonders erfreut sind. Zunächst einmal reagieren beide überhaupt nicht, wenn sich der Sohn zwischen sie schiebt, obwohl – oder weil – sie durch seinen Besuch hellwach geworden sind. Möglicherweise erklärt sich die Pause dadurch, daß eine zu aggressive Reaktion unterdrückt werden muß. Dann reagiert auch nicht die Mutter, die doch in den vergangenen Monaten den intensivsten Kontakt zu ihrem Sohn hatte. Sie verweigert sich. Dafür fährt sie ihn wenige Minuten später unverhältnismäßig scharf an, als er angesichts des Sonnenstrahls den Boden ableckt.

Auch der Vater braucht eine Weile, bis er den Sohn begrüßt: „Na, mein kleiner Strolch?"

Der Strolch ist im Sprachgebrauch ein kleiner Kerl, der frech ist und anderen einen Streich spielt, indem er z. B., ohne zu fragen, ödipale Übertretungen begeht. Die Wortwahl des Vaters zeigt, daß seine Begrüßung nicht nur zärtlich ist, sondern auch einen Vorwurf angesichts des Auftauchens des Sohnes enthält.

Auch die Frageform verweist auf den Vorwurf. In dieser Form ist ein nicht mehr ausgesprochener Satz angedeutet, den der Vater zu dieser Tageszeit seinem Sohn wohl nicht zumuten wollte.

Zwar ist auch der Vater wenig begeistert über den Besuch des Sohnes, aber es gelingt ihm, seine Aggression zu sublimieren. Dadurch zerstört er nicht die Beziehung, wie es die Mutter wenig später in ihrem anal gefärbten Erschrecken macht. Er nimmt, wenn auch zunächst zögernd, den Wunsch seines Sohnes auf und bietet ihm dadurch einen Übergang in die väterlich symbolisierte, sprachlich vermittelte Welt an.

Die Sprachübung bekommt jetzt einen tieferen Sinn: sie ist ein Triangulierungsangebot des Vaters, das der Sohn auch gerne aufnimmt, indem er sich mit der Fähigkeit des Vaters identifiziert und dessen Sprache übt. Für den Sohn gibt es eine neue Welt jenseits der präverbal-symbiotischen, aber mittlerweile angespannt gewordenen Dyade mit der Mutter zu entdecken.

In dem Satz des Vaters steckt auch eine Anerkennung und ein Versprechen an seinen Sohn: wenn er so frech ist, daß er sich zwischen das elterliche Paar drängt, dann wird er auch weiterhin seinen Weg in der Welt finden. Der Vater jedenfalls wird dann stolz auf ihn sein.

Mit meiner Interpretation des „Tagebuchs" möchte ich zeigen, daß eine rein selbsttheoretisch gefaßte Entwicklung zu kurz greift. Die Beziehungen haben eine dynamische Bedeutung, die sich in der experimentell kontrollierten Beobachtung nicht ausreichend spiegelt. In der Schilderung des Alltags eines Säuglings treten sie deutlicher hervor.

Stern hat in dem „Tagebuch" die Entwicklung anschaulich und lebensnah beschrieben. Er versucht zwar, ähnlich wie in „Die Lebenserfahrung des Säuglings" die Selbstentwicklung in dem Mittelpunkt zu stellen, aber er nähert sich der psychoanalytischen Entwicklungspsychologie und der anschaulichen Erfahrung in vielen Bereichen an. Die Beziehungen bekommen eine größere Bedeutung als sie theoretisch haben sollen.

Stern schildert eine enge, harmonisch verschränkte und existentiell abhängige Beziehung zur Mutter und einen überraschend traditionell abgegrenzten Vater, der vorwiegend für den triangulären Schritt in die Außenwelt steht. Meiner Meinung nach erweitert Stern seine Theorie, ohne dies ausdrücklich zu benennen.

Diese eindeutige Zuordnung setzt er übrigens in „Die Mutterschaftskonstellation" fort: „Die Mutter-Kind-Interaktion steht im Mittelpunkt der klinischen Situation. ... Zunächst einmal bildet die Interaktion zwischen Mutter und Kind den Schauplatz, auf dem die heikelsten Repräsentationen, Wünsche, Ängste und Phantasien, die Eltern in bezug auf den Säugling hegen können, zur Inszenierung gelangen" (1995, S. 77).

Hier betont er auch klarer die Abhängigkeit des Säuglings im scheinbar dialogischen Austausch und rückt damit von seiner 1985 eingenommenen Position ab: die Mutter ist es, „die solche Dialoge in den meisten Fällen initiiert. Sie wird die Intensität der Interaktion modulieren, wenn sie den Eindruck hat, daß sie zu sehr angestiegen oder zu sehr abgefallen ist. Sie ist diejenige, die entscheidet, wann eine Spielepisode zu beenden ist ..." (a. a. O., S. 93).

2.3.5. Ein integrativer Vorschlag

Wie andere Theoretiker neigen auch viele Psychoanalytiker dazu, ihre Theorien kategorial anzulegen. Die Formulierung einer Theorie soll die zu erklärenden Phänomene ausreichend erfassen und schließt damit zugleich konkurrierende Theorien aus.

Dieser Prozeß läßt sich am gegenwärtigen Prozeß der Säuglingsforschung gut beobachten. Das Sternsche Baby wird dem Freudschen Baby und der Forschung in seiner Tradition kategorial gegenüber gestellt. Die Säuglingsforscher geben vor, den Säugling in seinem Erleben ausreichend darstellen zu können. Sie gehen davon aus, daß die „Fenster", durch die sie auf den Säugling blicken, einen ausreichend großen Ausschnitt ermöglichen. Sie setzen ihren methodischen Zugang damit absolut.

Mit dieser Behauptung übergehen sie ein wesentliches sozialwissenschaftliches Selbstverständnis, das besagt, daß die Wirklichkeit viel zu komplex ist, als daß sie mit nur einem methodischen Zugang erfaßt werden könnte. Wie ich ausgeführt habe, gilt diese Einschränkung ganz besonders für die Erforschung der ersten Lebensmonate, bei der der Anteil der Gegenübertragung in besonderem Maß berücksichtigt werden müßte.

Ein Konzept wie das der Symbiose ist nicht meßbar, es ist nur zu erschließen. Deswegen ist mit objektivierenden Methoden, die Verhalten beobachten, allein nicht zu erfassen, was in einem Säugling vorgeht.

Natürlich ist dies auch mit anderen Methoden nicht mit größerer Sicherheit zu erfassen. Es läßt sich keine ausreichend gesicherte Wahrheit über das Erleben des Säuglings feststellen, die über das dialogische Erschließen einer Wahrheit – und der damit verbundenen Gegenübertragung (vgl. Devereux 1967) – hinausgeht. Wir können uns nur annähern. Diese Annäherung könnte allerdings auch weniger abgrenzend vorgehen, wenn die Forscher die Begrenztheit der Methodik anerkennen würden.

Setzt man die Ergebnisse der Säuglingsforscher mit den Beobachtungen sowohl der klinisch wie auch der entwicklungspsychologisch arbeitenden Psychoanalytiker und der Kinderpsychoanalytiker in Beziehung, so könnte sich ein Bild ergeben, das die unterschiedlichen Befunde plausibel miteinander verbindet.

Sterns Darstellung im „Tagebuch" wie auch die vielfältigen Erfahrungen der Psychoanalyse zeigen, daß der Säugling in der Regel eine unabgegrenzt-symbiotische Beziehung sucht und eingeht.

Aus der pränatalen Verbindung und der Veränderung durch den Geburtsprozeß entsteht insbesondere für das Kind – und in schwächerem und differenziertem Ausmaß auch für die Mutter – der Wunsch, diese Verbindung auch nach der Geburt fortzusetzen.

Der Säugling hat gar keine andere, wirklich befriedigende Möglichkeit als die Symbiose zu suchen und einzugehen. Deswegen ist der in der Säuglingsforschung vermittelte Eindruck, der Säugling könnte frei zwischen Symbiose und irgendeiner anderen Möglichkeit wählen, irreführend.

Der Säugling kann zwar die konkrete Interaktion mitgestalten, aber er ist in der globalen Beziehung existentiell abhängig. Er hat zwar die Kompetenz, die Symbiose von sich aus zu verweigern. Aber jede Verweigerung stellt schon eine erste mißglückte Lösung dar und führt zu frühen Ersatzlösungen, die von einer Kompensation durch andere Betreuungspersonen bis zu einer schweren dyadischen Pathologie reichen können.

In der frühen und existentiellen Abhängigkeit hat der Säugling gar keine andere Möglichkeit, als eine befriedigende Versorgung zu suchen, die eben nicht nur die Nahrung, sondern auch den taktil-emotionalen Bereich umfaßt, den Stern als Umhüllung beschrieben hat.

Die Symbiose ist nicht eine beliebige Handlung und Erlebnisform unter vielen anderen, sondern sie hat aufgrund der Abhängigkeit einen zentralen Platz im Leben des Säuglings. Deswegen sollte man die Suche nach der Symbiose als einen primär vorhandenen Wunsch verstehen.

Trotzdem muß die symbiotische Verbundenheit zwischen Mutter

und Kind nach der Geburt hergestellt werden. Dazu bedarf es eines aktiven Bemühens beider Partner. Die Säuglingsbeobachter haben diesen Prozeß eindrucksvoll beschrieben. Ihre Beschreibung, aber natürlich auch viele klinische Erfahrungen zeigen, daß dieser Prozeß gestört werden oder scheitern kann.

Den scheinbaren Widerspruch zwischen der Abhängigkeit einerseits und den Kompetenzen des Säuglings andererseits habe ich zu klären versucht, indem ich zwischen der globalen Abhängigkeit und den innerhalb dieser Abhängigkeit vorhandenen interaktiven Kompetenzen unterschieden habe. Es ist notwendig, beide Seiten zu beachten. Nur dann ist es möglich, sich einem adäquaten Verständnis anzunähern.

Vielleicht führt es weiter, den Säugling nicht kategorisch als nur abhängig oder nur als kompetent zu verstehen. Die divergierenden Befunde der Psychoanalyse und der Säuglingsforschung führen zu der Vermutung, daß der Säugling mit nur einem postulierten psychischen Zustand nicht ausreichend zu verstehen ist.

Der Säugling hat im Tagesverlauf unterschiedliche Phasen der Wachheit und der Aktivität. In der Phase seiner wachen Inaktivität sind seine kognitiven Möglichkeiten mittlerweile hinlänglich erforscht. Über seine emotionalen Zustände in dieser Phase wie auch in anderen Zeiten, z. B. wenn er hungrig oder schläfrig ist, ist weniger experimentell bekannt, aber dafür mehr klinisch erschlossen worden.

Für das Verständnis von Erwachsenen hat sich das Konzept von M. Klein und W. Bion als sehr hilfreich erwiesen, nicht von einer linear ablaufenden Entwicklung auszugehen, sondern von psychischen Positionen, die bei unterschiedlichen psychischen Erlebnissen und Belastungen eingenommen werden können.[10] Eine gelungene psychische Entwicklung zeichnet sich dadurch aus, daß es gelingt, zwischen verschiedenen Funktionsweisen frei und situationsangemessen zu wechseln.

Auch wenn der Säugling durch seine Abhängigkeit und durch seine kognitive Unreife eingeschränkt ist, läßt sich die Vorstellung psychischer Positionen möglicherweise auch auf ihn übertragen. Es würde

---

[10] Auch Stern geht davon aus, daß alle Erlebnisbereiche erhalten bleiben und aktiviert werden können (vgl. 1985, S. 54).

sich dann nicht unbedingt widersprechen, wenn er wach und ab-gegrenzt sein und Kompetenzen ausüben kann und sich trotzdem zu einer anderen Tageszeit oder auch in seinem globalen Erleben angewiesen und abhängig fühlt. Aus meinen Überlegungen ergibt sich eine deutlich ausgeprägtere Abhängigkeit des Säuglings als in den theoretischen Texten der Säuglingsforscher. Abhängigkeit impliziert Trennung. Der Versuch von Stern, die Entwicklung rein selbsttheoretisch zu verstehen, vernachlässigt diesen Aspekt. Auch hier scheint mir eine kategoriale Festlegung zu einschränkend zu sein. Die Entwicklung ohne Beziehungsdynamik beschreiben zu wollen führt zu einer Einseitigkeit, die der Anschauung nicht gerecht wird. Sie gerät zudem in die Gefahr, im Sinne einer sozialpolitischen Ideologie der Unabhängigkeit mißbrauchbar zu werden. Stern hatte bereits darauf hingewiesen, daß der gegenwärtige „Zeitgeist" Beobachtungsmethoden begünstigt (1985, S. 33).

Mahler hat dagegen das Selbst *und* die Beziehung, Individuation und Separation erforscht. Trennungsprozesse haben deswegen bei ihr eine größere Bedeutung. Ihre Theorie bleibt in ihren Grundzügen gültig, auch wenn sie ergänzt und modifiziert werden muß. In der Beziehungsdynamik sind Konflikte angelegt. Mahler hat einen ersten grundlegenden Konflikt in der Wiederannäherungskrise beschrieben. In dieser dyadischen Krise ist der Dritte hilfreich zur Internalisierung einer triadischen Struktur.

Auch wenn der Vater schon in den Monaten zuvor eine eigenständige Bedeutung neben der Mutter-Kind-Beziehung hat (s. u.), nimmt er in der Wiederannäherungskrise eine besondere Rolle ein.

2.4. Triadische Interaktion in den ersten Lebensmonaten (K. von Klitzing)

Die vielfältige, aber bisher weitgehend unsystematische Beobachtung, daß es von den ersten Lebenswochen an eine Beziehung zwischen Vater und Kind gibt, hat von Klitzing zum Anlaß für eine

62

erste empirisch kontrollierte psychoanalytische Studie über triadische Interaktionen in den ersten Monaten des Säuglings genommen (1997). Er kombinierte Interviews, Fragebogen und Verhaltensbeobachtungen. 41 Elternpaare wurden in der Zeit vor der Geburt des ersten Kindes über ihre Fantasien und in regelmäßigen Abständen nach der Geburt über ihre Erfahrungen mit dem Kind befragt und dabei wurde unter Berücksichtigung der triangulären Strukturen der Eltern die Entwicklung des Kindes zu prognostizieren versucht.

Vier Monate nach der Geburt und zu weiteren späteren Zeitpunkten wurden zwei Interaktionsbeobachtungen, das „Spiel-zu-dritt" und ab dem 12. Monat eine modifizierte Fassung der „Ainsworth-Fremdensituation" im Labor neben weiteren Befragungen durchgeführt, um triadische Interaktionen in der Familie zu erfassen.

Das Setting der standardisierten „Spiel-zu-dritt"-Untersuchung gliedert sich in vier Phasen. Die Eltern sitzen in gleichem Abstand auf Stühlen ihrem vier Monate alten Kind gegenüber, das auf einem Tisch in einem Babystuhl sitzt. Sie haben die Instruktion, daß zunächst der eine Elternteil und dann der andere dyadisch mit dem Kind in Interaktion treten soll. Sodann sollen beide Eltern mit dem Kind spielen und schließlich sollen die Eltern ohne das Kind miteinander kommunizieren. Die Dauer der Untersuchung ist nicht festgelegt. In der Regel dauert sie insgesamt einige Minuten.

In der Ainsworth-Fremdensituation kommt nach einer Eingewöhnungsphase eine fremde Person zu Eltern und Kind hinzu und schließlich wird das Kind mit dieser Person alleine im Raum gelassen.

Insbesondere im Spiel-zu-dritt soll die Fähigkeit des Kindes erforscht werden, zu beiden Eltern eine Beziehung aufzunehmen. Dazu wurde der Begriff „Trialog" geprägt.

„Unter Trialog wird das Vorhandensein eines dynamischen und kommunikativen Austausches zwischen den Partnern (Vater-Mutter-Kind), die aufeinander bezogen sind und weder sich noch einen Partner ausschließen, verstanden. Der Austausch ist aufeinander abgestimmt und schließt, ähnlich wie der Dialog, den affektiven und emotionalen Austausch ein, ebenso wie Vokalisation, Blickkontakt, Mimik, Gestik, Körperhaltung und Stimulation. Zu einem guten Trialog gehören wechselseitige Aktivitäten, hohe innere Bezogenheiten und Flexibilitäten aller Beteiligten" (von Klitzing 1997, S. 66).

Leider ist die Charakterisierung des Trialogs in der Auswertung allgemein gehalten, so daß es dem Betrachter der Videos vorbehalten bleibt, die Einschätzung dieser Fähigkeit und ihre Formen der Umsetzung bei vier Monate alten Babys anschaulich nachvollziehen zu können.

In der Untersuchung war es nach Angaben des Autors schwierig, den Anteil des Vaters am Trialog ausreichend gut einzuschätzen (a. a. O. S. 132). Aber es ließ sich doch mit ausreichender Sicherheit feststellen, daß bereits 4 Monate alte Säuglinge die „Bereitschaft und Fähigkeit" zum Trialog haben.

„Offensichtlich hat sich in den ersten vier Monaten beim Säugling bereits eine Fähigkeit und Bereitschaft zur Kontaktaufnahme mit beiden Eltern etabliert, die in der Interaktion mit diesen sichtbar wird und stark von der Beziehungsfähigkeit der Eltern abhängt" (a. a. O., S. 203).

Dabei ließ sich eine deutliche Differenz zwischen den Eltern feststellen, die auf den unmittelbaren Kontakt zwischen Mutter und Kind hinweist:

Die Mutter ist „in ihrem Dialog völlig unabhängig von der Autonomie, Flexibilität und regulatorischen Kompetenz des Kindes, wogegen es einen signifikanten Zusammenhang zwischen der Qualität des Vater-Kind-Dialogs und der Flexibilität und einen tendentiellen zwischen dem Vater-Kind-Dialog und der regulatorischen Kompetenz des Kindes gibt. Das bedeutet, daß Kinder mit einer höheren Beziehungsfähigkeit, Flexibilität und regulatorischen Kompetenz besser mit dem Vater in Dialog kommen, als dies bei Kindern der Fall ist, die diese Qualität nicht besitzen. Die Flexibilität und regulatorische Kompetenz spielt jedoch beim Mutter-Kind-Dialog keine Rolle. Gerade bezüglich der Flexibilität könnte dieser Unterschied bedeuten, daß die Mütter ihrerseits sich mehr auf das Kind einstellen und deshalb mit ihm in einen guten Dialog kommen, auch wenn das Kind sich als nicht sehr flexibel erweist" (S. 262).

Auch der vermutete Zusammenhang zwischen der Beziehungsbereitschaft der Eltern und dem konkreten Umgang mit dem Kind ließ sich bestätigen:

„Es zeigte sich, daß die Qualität der Dreierinteraktion Eltern-Kind signifikant mit den pränatal bereits erfaßten intrapsychischen und interpersonalen Beziehungsqualitäten der Eltern zusammenhing. Darüber hinaus stießen wir auf einen signifikanten Zusammenhang zwischen dem Interaktionsverhalten des Babys und der vor der Geburt schon erfaßbaren inneren Einstellung des Vaters" (von Klitzing 1998, S. 125 f.).

Durch die Methode des Spiels-zu-dritt wurde die Fähigkeit überprüft, zu beiden Eltern Kontakt aufzunehmen, und damit wurde erstmals der dyadische Bezugsrahmen in einer methodisch kontrollierten, psychoanalytischen Studie erweitert. Allerdings war es innerhalb des Untersuchungssetting nur unzureichend möglich, die neu erforschte Fähigkeit zum Trialog in einen breiteren Bezugsrahmen einzubetten.

Ein Hinweis für die noch ungeklärte Beziehung zwischen Trialog und Dialog ergaben die von den Forschern unerwarteten Ergebnisse der Ainsworth-Fremdensituation, in der gerade die Kinder, die als besonders trialogfähig eingeschätzt wurden, am schlechtesten allein bleiben konnten. Sie konnten die durch die Abwesenheit der Eltern auftretende Angst am wenigsten durch ein Spiel oder die Beziehungsaufnahme zu einer fremden Person kompensieren (vgl. 1997, S. 266). Ein solches Ergebnis führt natürlich zu der Frage nach dem entwicklungspsychologischen Stellenwert der frühen Trialogfähigkeit.

Von Klitzing stellte fest:

„Um das Kind zu trösten, zu beruhigen und mittels der elterlichen Beziehung zu regulieren, scheinen dialogische Interaktionsmuster geeigneter zu sein" (S. 276).

„Bei einer hohen Belastung des Kindes und einem infolgedessen stattfindenden Zerfall der Triade in eine 2 + 1 Beziehung scheint die Mutter als primäre Bezugsperson vor allem den Dialog mit dem Kind aufzunehmen. Ihre Beziehungsfähigkeit ist dann besonders wichtig, um das Kind beruhigen zu können" (S. 277).

Die Studie zeigt zwar, daß der Begriff der Triade umfassender als bisher gefaßt werden muß. Allerdings wäre es eine verfrühte Schlußfolgerung, die Triade als ursprüngliche Beziehungsform und die Dyade als regressive Bewegung sehen zu wollen.

Vielmehr legen die Untersuchungen meiner Meinung nach die Vermutung nahe, daß von Beginn des Lebens an dyadische und triadische Muster vorliegen und in unterschiedlichem Ausmaß und in unterschiedlichen Situationen eingegangen werden. Das Wechselspiel von Dyade und Triade könnte man als eine Grundlage menschlicher Beziehung verstehen.

Die übereinstimmenden Befunde, daß Kinder unter emotionaler Belastung in der Regel die Nähe der Mutter suchen, zeigen, daß die Beziehungen situationsabhängig beurteilt werden müssen und nicht unabhängig davon generalisiert werden können. Gerade die Ängstlichkeit der scheinbar trialogfähigen Kinder in der Fremdensituation weist auf die unter methodisch kontrollierten Bedingungen gelegentlich offenbar leicht zu übersehende Abhängigkeit vom Primärobjekt hin. Deswegen kann nach wie vor an der Theorie festgehalten werden, daß erst der Prozeß der frühen Triangulierung als einer strukturellen Verinnerlichung zu der Unabhängigkeit führt, mithilfe verinnerlichter Objekte belastende Situationen ertragen zu können.

2.5. Die triadische Struktur

Die Diskussion über Triangulierung führt zu dem Konzept, daß Beziehungen durch ein dynamisches Wechselspiel zwischen Dyade und Triade charakterisiert sind. Beide Beziehungsformen, Dyade und Triade, sind in diesem Verständnis nicht mehr an eine bestimmte Entwicklungsphase gebunden, sondern gestalten interaktionelle Modi. Das entwicklungspsychologische Modell der Internalisierung, insbesondere in der frühen und in der ödipalen Triangulierung, wird zum allgemeineren Verständnis der Triade als Beziehungsform weiterentwickelt. Die Dyade steht für Übereinstimmung, aber auch für Stillstand, die Triade dagegen für Differenz und Entwicklung.

Das Kind wird in eine triadische Struktur hineingeboren. von Klitzing hat diesen Gedanken zum Ausgangspunkt seiner Studie gemacht, indem er die Einstellungen und Erwartungen der Eltern über ihr Kind vor der Geburt erforscht hat.

Damit ist der entwicklungspsychologische Bezugsrahmen zur familialen Struktur hin erweitert worden. Der Prozeß der Triangulierung als der Zeitpunkt der Verinnerlichung triadischer Strukturen ist – gemeinsam mit der ödipalen Triade – eine besondere Phase innerhalb der Triade als allgemeiner Beziehungsform. Erste Ansätze für diesen Perspektivenwechsel unternahmen z. B. Benedek und Anthony, die in der begleitenden Elternarbeit zur Kinderanalyse die ungelösten Konflikte der Eltern und deren Auswirkung auf den Umgang mit den Kindern bearbeiteten (vgl. Anthony 1970, Benedek 1960).

Benedek sah die „Elternschaft als Entwicklungsphase" und stellte dar, „daß die Austauschbeziehung zwischen Eltern und Kind sich solange glatt entfaltet, bis das Kind eine Entwicklungsstufe erreicht, die jene auf Grund eigener Entwicklungskonflikte nicht entsprechend den kulturellen Normen beherrschen, so daß die Eltern dem Kind gegenüber unsicher werden" (1960, S. 48). „Das nachahmende Kind hält den Eltern ein Spiegelbild vor" (a. a. O., S. 51).

Bezogen auf den Prozeß der Triangulierung stellt sich zunächst die Frage nach dem internalisierten Vaterbild der Mutter. Die Grundlage der kindlichen Wahrnehmung der Beziehung des elterlichen Paares basiert auf der Repräsentanz des Vaters in der bewußten und unbewußten Fantasie der Mutter. Die erste Phase der Triangulierung findet schon sehr früh zwischen dem Kind, der Mutter und dem inneren Vaterbild der Mutter statt. Dieses innere Vaterbild setzt sich aus frühen Objektrepräsentanzen und den Erfahrungen mit dem leiblichen Vater des Kindes zusammen.

Insbesondere Lacan geht davon aus, daß der Vater zunächst im Unbewußten der Mutter als Signifikant des Phallus präsent sein muß, bevor er als realer Vater in der späteren Entwicklung Bedeutung erlangt (vgl. Julien 1995). Der „symbolische" Vater steht für die frühe trianguläre Beziehungsdimension innerhalb der Dyade. Er ist Repräsentant der Realität, der die Auflösung der Symbiose und damit die „archaische Matrix des Ödipuskomplexes" gewährleistet (vgl. Chasseguet-Smirgel 1975).

Auch A. Green betont, daß „die Qualität einer guten Beziehung von Seiten der Mutter von der Liebe der Mutter zum Vater abhängt und von der Art und Weise, wie sie sich von ihm geliebt fühlt, auch wenn die Beziehung des Kindes zum Vater in der frühesten Lebensphase noch nicht in Betracht gezogen werden kann" (1996, S. 94 f.). Das dritte Element beschränkt sich „nicht auf die Person des Vaters allein – es ist symbolisch. Dies drückt aus, daß in den Gedanken der Mutter das dritte Element redupliziert wird. Neben der wirklichen Person des Vaters können ihr eigener Vater oder ihre eigene Mutter stehen als Repräsentanten ihrer Kindheitsphantasien, daß sie einen Penis oder ein Kind von ihren Eltern bekommt" (a. a. O., S. 95, vgl. auch Ogden 1995, Kap. 5).

Herzog (1994) hat, ähnlich wie Chasseguet-Smirgel, auf die pathologischen Konsequenzen hingewiesen, wenn die Mutter aufgrund einer feindseligen Einstellung die Beziehung des Kindes zum Vater zu behindern versucht. Das internalisierte Vaterbild der Mutter hat dementsprechend eine große Bedeutung für die Gestaltung des Dialogs mit dem Kind. Darauf weisen sowohl vielfältige klinische Erfahrungen als auch empirische Studien hin.

Der Vater ist also schon früh sowohl Störenfried wie auch Befreier in der frühen Beziehung des Kindes zur Mutter (vgl. Stork 1974). Das scheinbar geschlossene System der Symbiose hat auch unter diesem Gesichtspunkt eine Tendenz zur Öffnung.

Diese Tendenz ermöglicht nicht nur dem Kind den Entwicklungsprozeß, sondern sie hilft auch der Mutter, die Regression mit dem Säugling einzugehen und sie auch wieder zu verlassen:

„Aber seine Bedeutung gewinnt der Vater auch durch die Unterstützung, die er seiner Gefährtin während der Zeit bieten kann, in der sie ihren Narzißmus auf das Kind projiziert und dem Gefühl ausgeliefert ist, entweder vollkommen zu sein oder vollkommen zu versagen. Eine Unterstützung, die seine Rolle als Miterzeuger bestätigt und die Tür zur Rückverwandlung der Mutter in eine Frau offenläßt" (Kestemberg, zit. n. Buchholz 1990, S. 123).

Die Erweiterung der triangulären Sichtweise zur triadischen Struktur eröffnet neue Perspektiven. Der Dritte ist in vielfältiger Weise im gesamten Entwicklungsprozeß repräsentiert. Wenn man diese Sichtweise verallgemeinert, wird die Triade selbst zum „Subjekt der Entwicklung" (Buchholz 1990).

„Beziehungen, selbst die vermeintlich dualen, sind triadisch angelegt und das ist die Chance ihrer Entwicklung. Das triadische Moment konstituiert eine Differenz und damit ein kreatives Potential; dies legt nahe, sich von Gleichgewichtsmodellen zu entfernen und mit der Annahme zu spielen, daß Ungleichgewichtszustände das in der Entwicklung interessantere Moment darstellen" (a. a. O., S. 129).

Buchholz zeigt auf, wie das Kind bereits in die triadische Struktur der Eltern, deren Projektionen und erste Konflikte über das fantasierte Kind hineingeboren wird. Das Kind tritt nicht erst mit seiner Geburt in die Triade ein. Vielmehr existiert das Kind schon vor seiner Zeugung als Phantasma. So wird es zum Träger gemeinsamer elterlicher Projektionen, die im Laufe der Schwangerschaft und nach der Geburt abgearbeitet werden.

Indem die Eltern ihre Differenz in der Vorstellung über das Kind als Chance und entwicklungsfördernden Prozeß in ihrer Beziehung nutzen, entfalten sie in ihrer Beziehung eine triadische Struktur. Sie würde sich in der Einsicht zeigen, daß „es in der Beziehung zu dem Kind keine Ausschließlichkeit gibt, daß das Kind immer durch das Miteinander zweier Eltern entstanden ist und daß es immer zwei Eltern haben wird (dies auch, wenn ein Elternteil fehlt, aber dann eben nur in der Phantasie des Kindes). Wenn diese Realitäten in die Vorstellungen der Eltern integriert werden konnten, so bewegen sich die emotionalen Besetzungen des imaginierten Kindes auf einer triangulären Ebene, d. h. in den Vorstellungen hat neben dem Kind auch noch der Partner Platz, und es kann auch die Vorstellung zugelassen werden, daß der Partner mit dem Kind eine Beziehung haben wird. Diese Triangulierung in der Phantasie schützt vor Erstarrung und rigider Festlegung" (von Klitzing 1997, S. 38).

Es sollte darauf hingewiesen werden, daß nicht nur die Eltern in ihrer Vorstellung die Differenzen über das Kind integrieren müssen, sondern daß das Kind sie auch als Paar für den Abschluß einer gelungenen Triangulierung erleben muß. Die zunächst nebeneinander stehenden Bilder der Beziehung mit Mutter und Vater müssen sich zu der Vorstellung eines Paares zusammenfügen. Aus dem „entweder-oder" wird ein „sowohl als auch". Hatte Abelin noch auf die Bedeutung des Ausgeschlossenseins für das Kind hingewiesen (1975, S. 205), so wird mittlerweile deutlicher, daß das Kind auch die Anschauung eines Paares zur Integration einzelner, nebeneinander stehender Beziehungsbilder braucht. Die Beziehung des Paares miteinander ist die Verbindung, die „missing link" (Britton 1989), die die Triade vollständig macht. Erst mit dieser, in der Diskussion bisher wenig beachteten Integration ist der Prozeß der Triangulierung abgerundet.

Auch das Kind selbst ist mit der potentiellen Bereitschaft zu triadischen Beziehungen ausgestattet (vgl. Rotmann 1980, Bürgin 1998, Green 1996). Wenn es auch die Bereitschaft und die Fähigkeit hat, zu Mutter und Vater eine Beziehung aufzunehmen, so ist doch zu fragen, wie es diese Beziehungen erlebt.

Bürgin formuliert ein Entwicklungsmodell, das die neueren empirischen Forschungsergebnisse mit der psychoanalytischen Entwicklungspsychologie in Verbindung bringt und das mit dem hier vertretenen Verständnis übereinstimmt.

„Zuerst entwickeln sich wahrscheinlich mehrere dyadische Beziehungsrepräsentanzen nebeneinander, die nur locker miteinander verbunden sind. Ihre Integration im Verlauf der zweiten Hälfte des ersten und vor allem während des zweiten Lebensjahres bewirkt die Ausgestaltung einer neuen intrapsychischen Struktur, die triadischen Charakter hat und symbolisch repräsentiert werden kann" (1998, S. 26).

So hat der Prozeß der frühen Triangulierung innerhalb der triadischen Struktur eine besondere Bedeutung:

„Die dritte Person, zum Beispiel der reale Vater, stabilisiert als Vermittler die Aufgliederung und Getrenntheit der Objektrepräsentanzen in der Innenwelt des Kleinkindes und wird damit zum Garanten eines wie dazwischen geschobenen Symbolsystems. Sie garantiert den Schutz vor einem Versinken in einer fusionären Beziehung und schafft als drittes Element somit die notwendige Distanz der Selbstrepräsentanz zur Repräsentanz des hochbesetzten Primärobjekts. Später wird die dritte Person zum Schöpfer des Verneinungssymbols, das zur ersten Abstraktion des Kindes in Geste und Wort hinführt" (S. 28 f.).

Der Vater wird durch die Differenz zur Mutter zum Entwicklungsanreiz:

„Das Anderssein des dritten (oft des Vaters) im Vergleich zum zweiten (oft die Mutter) ist interessant, denn das dritte demonstriert etwas Eigenständiges in der Beziehung zur zweiten Person und befindet sich nicht in derselben Abhängigkeit von ihr wie das Kleinkind" (S. 31).

Die potentiell vorhandene Triade muß in der Entwicklung aus der Dyade heraus entfaltet und verinnerlicht werden. Diese Sichtweise hilft vermutlich erneut, theoretische Polarisierungen zu vermeiden. Denn sowohl von theoretischen Überlegungen wie auch von klinischen und empirischen Befunden her ist es naheliegend, weder eine rein dyadische noch eine rein triadische Beziehung anzunehmen. Beziehungsmodi sind nicht so ausschließlich.

Ähnlich wie in der Diskussion über Symbiose und Abgegrenztheit (s. o.) eine Flexibilität und ein Wechselspiel in den Positionen vorgeschlagen wurde, ist es auch hier naheliegend, davon zu sprechen, daß das Kind sowohl dyadische als auch triadische Beziehungen eingehen kann.

Dabei herrschen zunächst dyadische Beziehungen vor, so daß eine Asymmetrie entsteht, wie Bürgin es ausdrückt (1998, S. 28). Zugleich aber legen die Befunde von Klitzings nahe, daß auch triadische Beziehungen aufgenommen werden. Eine gesunde psychische Entwicklung verläuft deshalb entlang der sich entwickelnden Möglichkeiten des Ich, sich flexibel zwischen dyadischen und triadischen Mustern zu bewegen. Zur Pathologie kommt es, wenn das Verhältnis zwischen Dyade und Triade zu einer Seite hin aufgelöst und fixiert wird.

Dieses Wechselspiel sollte allerdings noch spezifischer für die einzelnen Entwicklungsphasen erforscht werden. So könnte z. B. der Dritte in den ersten Monaten für den Säugling eine Bereicherung, für die Mutter aber eine Stabilisierung ihres Gleichgewichts in der Regression darstellen. Die Internalisierung der triadischen Struktur zum Zeitpunkt der frühen Triangulierung dagegen hilft dem Kind in der beschriebenen Weise bei der Lösung von der Mutter und damit zur Individuation und Separation im Sinne M. Mahlers.

Eine Leitfrage für zukünftige Forschung könnte daher sein, welche Form und welche Funktion die Triade im jeweiligen Entwicklungsabschnitt einnimmt und in welchem Verhältnis sie dann zur Dyade steht.

Die Triangulierung ist in dem Sinne „die größte Umwälzung in der Entwicklung des Menschen" (Müller-Pozzi), als das Kind die Fähigkeit zur Perspektivenübernahme und zur Reflexivität gewinnt. Erst indem es den Prozeß der Triangulierung durchläuft, sich von der Mutter löst, den Vater besetzt, das elterliche Paar als solches anerkennt und dadurch auch zur Mutter eine neue Beziehung entwickelt, kann es Neues entdecken. Es kann sein Erleben erleben und dadurch in eine selbstreflexive Position kommen, die die spezifisch menschliche Fähigkeit ausmacht (vgl. Buchholz 1990) und die schließlich auch den psychoanalytischen Prozeß kennzeichnet.

3. Die Fragestellungen der Untersuchung

1. Dichte Beschreibung

In der psychoanalytischen Forschung zur Bedeutung des Vaters für die Entwicklung des Kindes in der Zeit bis zum Ende des 3. Lebensjahres – der Phase der Individuation und Separation bei M. Mahler oder der Entwicklung des Selbstempfindens bei D. Stern – ergibt sich aus den vorliegenden Studien kein ausreichendes Bild zur Entwicklung triadischer Strukturen.

Diese Studien umfassen einzelne Altersstufen und erforschen einzelne Hypothesen, die sich meist aufgrund klinischer Erfahrungen entwickelt haben. Sie stellen aber keine ausreichenden qualitativ-empirischen Daten zur Verfügung.

Daher ist es ein Ziel dieser Arbeit, im Sinne der ethnologischen Forschung „dichte Beschreibungen" von triadischen Prozessen und Strukturen zwischen Vater, Mutter und Kind zu erhalten.

Die aufgenommenen Beobachtungen werden zunächst nicht primär einer Hypothese gemäß geordnet, sondern sollen dazu geeignet sein, ein umfassendes und nicht selegiertes Bild einer Familie zu erfassen, das eine qualitative Forschung am Protokolltext ermöglicht.

2. Theorie der Triade

Die Theorie der frühen Triangulierung ist im Kontext des Beobachtungsprojektes von Mahler/Pine/Bergman (1975) entwickelt worden. Dieses Projekt aber bezog den Vater nicht systematisch in das Setting ein, so daß sich eher eine allgemeine Evidenz ergab, die zu der Theorie führte. Die Theorie wurde durch persönliche Beobachtungen (z. B. Abelin 1975) und durch die klinische Erfahrung mit frühgestörten Patienten ergänzt.

Mittlerweile liegen theoretische Überlegungen wie auch systematische Beobachtungen vor, die es nahelegen, die Triangulierung zu einer allgemeinen Theorie der Entwicklung triadischer Strukturen auszudehnen. Innerhalb dieser Theorie gehe ich davon aus, daß die frühe Triangulierung und die ödipale Triade zwei besondere Entwicklungsabschnitte darstellen.

Anhand der Beobachtung soll diese Ausweitung der Theorie überprüft werden. Insbesondere ist zu fragen, ob es sinnvoll ist, das Konzept der frühen Triangulierung – und das dabei implizierte Verständnis der Trennung vom Primärobjekt – in der veränderten Fassung beizubehalten.

Ich hatte vorgeschlagen, generell von einem Wechselspiel dyadischer und triadischer Interaktion auszugehen. Daraus ließe sich, wie erwähnt, die Frage ableiten, in welcher Entwicklungsphase Dyaden und Triaden in welcher Form eingegangen werden.

In dieser Studie soll beobachtet werden, wie sich Triaden innerhalb der Familie zusammenfinden und wie sie mit Dyaden abwechseln. Dabei sollen die Triebkräfte, die zu solchen Prozessen beitragen, besonders beachtet werden.

Es ist zum Beispiel zu fragen, ob sich Dyaden nur als eine regressive Bewegung unter Belastungssituationen verstehen lassen, wie es einige Forscher nahelegen, oder ob sie auch eine eigenständige Dynamik enthalten.

In diesem Zusammenhang ist zu fragen, wie sich präödipale und ödipale Triaden in der Familie unterscheiden lassen und wie sich der Umgang der Familie mit den jeweils unterschiedlichen Themen darstellt.

3. Die Bedeutung des Vaters

In den Studien zur Bedeutung des Vaters wird zumeist davon ausgegangen, daß er zur Mutter-Kind-Dyade als Dritter hinzukommt. In dieser Funktion öffnet er dem Kind den Weg in die nicht-symbiotische Welt oder erleichtert ihm nicht-homöostatische, insbesondere triebhaft aggressive Erfahrungen.

Diese Überlegungen bauen auf einer entwicklungspsychologischen, personenbezogenen Interaktionsbeobachtung auf, die zur strukturellen These von Internalisierungsprozessen in Form einer triadischen Struktur führt.

Eine weitere Frage an die Beobachtung ist, ob sich diese Zuordnung, auch angesichts der Auflösung familiarer Strukturen und der Zunahme von Ein-Eltern- und von zusammengesetzten Familien, bestätigen läßt oder ob die Beobachtungen nahelegen, die Beiträge der Eltern anders zu differenzieren.

4. *Innere Objektbeziehungen der Eltern*

Die klinischen Beiträge konzentrieren sich im Gegensatz zu den Beobachtungsstudien häufig auf die inneren Objekte der Eltern und die Art und Weise, wie sie aufgrund ihrer unbewußten Erwartungen, Wünsche und Konflikte auf die Trieb- und Beziehungswünsche der Kinder eingehen. Nur wenige Studien, wie z. B. von Klitzing (1997) versuchen, das Zusammenwirken beider Aspekte einzubeziehen.

In der teilnehmenden Familienbeobachtung bietet es sich an, darauf zu achten, wie unbewußte Beziehungen der Eltern unter dem Aspekt der Triangulierung auf die Interaktion mit den Kindern bezogen sind.

5. *Der Beobachter als Dritter*

Der Beobachter kommt als ein unbekannter Dritter in die Familie. Diese Situation ist mit der ethnopsychoanalytischen Erfahrung der teilnehmenden Beobachtung in einer fremden Kultur vergleichbar. Die Familie wird an den Beobachter Erwartungen und Ängste herantragen, deren Verständnis eine Aussage über die unbewußte Beziehungsstruktur der Familie ermöglicht. Das Verständnis der unbewußten Inszenierung, in die der Beobachter einbezogen werden soll, läßt sich als ein Erkenntnismittel nutzen, das über die rein objektivierende Beobachtung hinausgeht.

Was teilt die Familie über ihre Art des Umgangs mit dem Fremden mit?

Die Familie nimmt an der Untersuchung freiwillig teil. Sie hat sich nicht von sich aus an eine klinische Institution gewendet. Da in der Psychoanalyse davon ausgegangen wird, daß es einen fließenden Übergang zwischen psychischer Gesundheit und Krankheit gibt, ist es interessant zu beobachten, welche Bewältigungsmechanismen die Familie im Umgang mit ihren Konflikten entwickelt hat.

4. Die Methodik und die Auswertung der teilnehmenden psychoanalytischen Beobachtung

4.1. Datenerhebung

Die psychoanalytische Theorie zur frühen Triangulierung und zur Entwicklung triadischer Strukturen wurde im wesentlichen aufgrund klinischer Erfahrungen entwickelt. Direkte Beobachtungen dagegen liegen – wie erwähnt – nur unsystematisch und in unzureichendem Ausmaß vor.

In der hier vorliegenden Studie wurden meines Wissens erstmals – mit Ausnahme der Studie von Herzog (1991) – im Zusammenhang der psychoanalytischen Vaterforschung Familien in ihrem Wohnraum beobachtet. Die Beobachtungen erstreckten sich über zehn Wochen, jeweils eine Stunde in der Woche. Dadurch sind Einzelfallstudien entstanden, die qualitativ ausgewertet werden.

Es ist das Anliegen, ein möglichst ungefiltertes Bild der familiären Interaktion zu erhalten und es unter dem Gesichtspunkt der Entwicklung triadischer Strukturen auszuwerten. Deswegen ist die teilnehmende Beobachtung im Feld die Methode der Wahl. Nur durch diese Methode ist es möglich, Interaktionsprozesse im natürlichen Umfeld der Familie zu studieren.

4.1.1. Feldforschung

In der Feldforschung und für die qualitative Einzelfallstudie gilt insbesondere die teilnehmende Beobachtung als Methode der Datenerfassung.

„Feldforschung bezeichnet die Erforschung einer sozialen Gruppe in ihrer natürlichen Umgebung (natural setting). Darin liegt der Unterschied zur ‚Laborforschung‘, in der die Untersuchten in einer künstlichen, vom Forschenden geschaffenen Untersuchungssituation erforscht werden" (Friebertshäuser 1997, S. 504).

Die Feldforschung wurde zunächst in der Ethnologie entwickelt, um ein kulturell fremdes Feld zu erforschen. Sie hat zunehmend Eingang in andere sozialwissenschaftliche Forschungen gefunden, weil ihre Stärke darin besteht, „daß sie es vermag, ‚fremde Kulturen' zu erforschen und deren Lebenswelt und Lebensstil zu erschließen" (a. a. O., S. 509).

Dabei sind fremde Kulturen natürlich nicht nur in den Stammeskulturen in Übersee zu sehen. M. Erdheim hat darauf verwiesen, daß die Fremdheit schon in der Geschlechtsdifferenz zwischen Mann und Frau beginnt. Ähnlich äußern sich auch andere Forscher:

„Kultur umfaßt dabei die Summe aller materialisierten und ideellen Lebensäußerungen, sowie die internalisierten Werte, Haltungen und Sinndeutungen, die auch in ihrer historischen Funktion betrachtet werden. Der Hinweis ‚fremde' soll dazu provozieren, Lebenswelten und Lebenstile anderer als etwas Fremdes wahrzunehmen. Selbst die Welt der Kinder, die im gleichen Lebensraum mit uns leben, bleibt uns Erwachsenen in Teilen fremd" (a. a. O.).

Der Hinweis auf die Welt der Kinder erinnert daran, daß es nicht nur geographisch fremde Kulturen geben kann, sondern auch ein inneres Ausland, wie S. Freud es genannt hat, das dadurch entsteht, daß konflikthafte und beängstigende Themen abgewehrt und dadurch unbewußt werden. Trifft der Forscher solche Themen bei den zu erforschenden Subjekten an, so sind sie dazu geeignet, auch bei ihm in der Forschung Angst und entsprechende Abwehrstrategien auszulösen.

Die psychoanalytische Erforschung des Unbewußten hat zu der Erkenntnis geführt, daß Abwehrprozesse auch im alltäglichen Umgang wirksam sind. Das Verständnis der Übertragungs- und Gegenübertragungsprozesse hat die Einsicht gefördert, daß die ‚Daten', die in der Begegnung zwischen Forscher und Erforschtem erhoben werden, keineswegs objektiv, sondern das Ergebnis eines auch unbewußt determinierten Dialogs sind. Mit dieser Perspektive rückt gerade in der Feldforschung die Analyse der Beziehung in den Blickpunkt.

Zu der Entwicklung dieser Forschungsperspektive hat insbesondere G. Devereux beigetragen, der in seinem Buch „Angst und Methode in den Verhaltenswissenschaften" (1967) gezeigt hat, wie in jeder Forschung scheinbar objektive Daten von der Angst des Forschers mitbestimmt sind und wie seine Neugier deshalb durch die unbewußt aufkommende Angst beeinträchtigt werden kann.

Indem sich der Forscher auf die Begegnung mit seinem ‚Objekt‘ einläßt, sich also von der fremden Dynamik emotional erreichen läßt, wird er auch zum teilnehmenden Beobachter an unbewußt determinierten Szenen. Ähnlich wie der Psychoanalytiker, der durch die Empfehlung zur freien Assoziation des Patienten und durch seine Haltung der gleichschwebenden Aufmerksamkeit einen möglichst ungefilterten assoziativen Zugang erreichen möchte, versucht auch der teilnehmende Beobachter durch seine unaufdringliche Anwesenheit und seine prinzipiell offene Bereitschaft, alle Informationen in sich aufzunehmen und nicht durch etwa präformierte Kategorien seine Aufnahme selektiv zu filtern. Durch diese Offenheit aber wird er für den Erforschten auch emotional erreichbar. Der Forscher erlaubt ihm, „in ihn hineinzureichen" (Devereux 1967, S. 335) und ihn dadurch an unbewußten Szenen zu beteiligen, die konflikthaft besetzt sind und dadurch Störungen im Beobachter auslösen können.

Devereux hat an einer Vielzahl von Beispielen ausgeführt, wie sozialwissenschaftliche Forschungsmethoden unbemerkt zu professionellen Abwehrstrategien werden, die vor allem zur Abwehr der Angst des Forschers dienen und dabei zu vielfältigen Gegenübertragungsreaktionen führen, die sich dann als Wissenschaft maskieren.

„Leider läßt sich die beste Methodologie, unbewußt und mißbräuchlich, in erster Linie als Beruhigungsmittel, als angstbetäubendes Manöver verwenden, und in dem Falle produziert sie wissenschaftliche ‚Resultate‘, die nach Leichenhaus riechen und für die lebendige Realität nahezu irrelevant sind" (a. a. O., S. 124).

Devereux setzt dagegen eine Forschung, die an der Irritation des Forschers ansetzt, weil die Arbeit an der Gegenübertragung eine eigenständige Erkenntnisquelle darstellt, die wie keine andere dazu geeignet ist, unbewußte Strukturen szenisch zu erschließen.

Die Störung ist deshalb für ihn kein unerwünschtes Beiprodukt, sondern ein „grundlegendes Datum" (a. a. O., S. 335).

„Die Störung findet ‚innerhalb‘ des Beobachters statt, und gerade diese Störung wird dann als der wirkliche Reiz erfahren und als relevantes Datum behandelt" (S. 336).

„Was direkt beobachtbar ist und folglich ein Datum konstituiert, ist der Widerhall – die Störung –, die die Äußerung des Patienten im Unbewußten des Analytikers hervorruft" (S. 338).

„Die Hauptaufgabe des Analytikers besteht darin, es möglich zu machen, daß die irrationalen Aussagen des Patienten sein eigenes Unbewußtes erreichen können" (S. 345).[11] Die Beachtung der Irritation als wichtiger Hinweis für das Verständnis unbewußter Inszenierungen führt zu der Frage der Gegenübertragung.

Die Weiterentwicklung der Theorie der Gegenübertragung, insbesondere durch P. Heimann (1950), hat den Weg für das Verständnis der psychoanalytischen Situation als einer Zweierbeziehung geöffnet. Heimann hat die Bedeutung der „unmittelbaren, emotionalen Antwort" des Analytikers auf den Patienten als „Schlüssel zum Unbewußten des Patienten" betont (1950, S. 183). Die Gegenübertragung wird für sie zum „Forschungsinstrument im Hinblick auf das Unbewußte des Patienten" (a. a. O.).

Devereux hat diesen Gedanken für die Forschung angewendet: „Auch das logischste und wissenschaftlichste Gedankensystem hat eine subjektive Bedeutung für das Unbewußte der Person, die es entwickelt oder annimmt" (1967, S. 41).

Der Blick auf den unbewußten Dialog öffnet den Blick auf das später entwickelte Konzept des szenischen Verstehens:

„Noch wichtiger als die Determinanten der Gegenübertragung, die der Verhaltensforscher in die Beobachtungssituation hineinträgt, sind die Reaktionen, die ihm von seinen Objekten listig untergeschoben werden und die er dann unwissentlich, seinem Persönlichkeitsbild entsprechend, weiter ausbildet. Gerade weil er beteuert, seine Regungen selbst dann noch unter Kontrolle zu haben, wenn er als teilnehmender Beobachter fungiert, kann es ihm entgehen, daß seine Objekte ihn in das Prokrustesbett eines Status zwängen, den sie ihm zuschrieben, weil er ihren eigenen Bedürfnissen entspricht. Wenn der

---

[11] Eine Beobachterin kämpfte mit einer Irritation, die sie in sich spürte und die sie zu immer neuen Erklärungsversuchen über die Szene führte, an der sie teilnahm, bis sie sich schließlich die Frage nach der Identität des Vaters stellte (vgl. Kap. 5.3.).

teilnehmende Beobachter sich dann gedrängt fühlt, diesen Status zu akzeptieren, braucht er sich nur auf die Gegebenheiten zu berufen, und hat eine plausible Ausrede, um die unbewußten Befriedigungen, die er daraus ziehen mag, nicht überprüfen zu müssen, und wird folglich das spielen, was H. Deutsch (1926) eine ‚komplementäre Rolle' nennt" (a. a. O., S. 267).

„Worauf es in wissenschaftlicher Hinsicht also wirklich ankommt, ist nicht die Zuschreibung, Annahme oder Verweigerung eines bestimmten Status und der komplementären Rolle, sondern deren bewußte Überprüfung und das Bewußtsein des segmentären Charakters dessen, was man entsprechend dem, wofür man gehalten wird, (automatisch) gezeigt bekommt" (a. a. O., S. 285).

Auch in der Familienbeobachtung kommt es regelmäßig vor, daß der Beobachter in Szenen verwickelt wird.[12] Die Familie entwickelt eine Dynamik, der sich der Beobachter nicht verschließen kann und soll.

Hier ist auf einen Unterschied zur Ethnopsychoanalyse hinzuweisen. Die Fremdheit in der Familienbeobachtung hat einen anderen Charakter als die Beobachtung in einer fremden Kultur.

Es ist gerade die kulturell scheinbar allzu bekannte familiäre Interaktion, mit der der Beobachter konfrontiert wird. Während der Ethnopsychoanalytiker die von der eigenen Kultur weit entfernte und gut unterschiedene Dynamik sucht, trifft der Familienbeobachter auf potentiell vertraute und gerade dadurch in ihm präsente Strukturen.

Er wird unmittelbar mit seinen eigenen Vorstellungen von Familie und von den dazugehörigen Wünschen, Erwartungen und Ängsten konfrontiert. Ist der Ethnopsychoanalytiker dabei, einen Abstand zu überwinden und sich in eine fremde Kultur einzufühlen, so muß sich der Familienbeobachter die scheinbar vertraute Familie fremd machen, um den neugierig forschenden Blick aufrecht zu erhalten.

Gerade bei Studenten, die nicht psychoanalytisch professionalisiert sind, kann eine Handhabung der Gegenübertragung noch nicht erwartet werden. Sie waren aufgefordert, sowohl ihre Beobachtungen wie auch ihre Empfindungen während der Beobachtung zu protokollie-

---

[12] Eine Beobachterin meinte in einer spezifisch angespannten Situation, die Mutter beruhigen zu müssen (vgl. Kap. 5.4.).

ren. Durch die fortlaufende Arbeit an den Protokollen während der Zeit der Beobachtung wurde es möglich, im Seminar auf die Reaktionen der Beobachter einzugehen und sie in Bezug auf ihre szenische Bedeutung mindestens so weit zu besprechen, daß die Beobachter auch in schwierigen Phasen ihre Position aufrecht erhalten konnten. Wie aus den Protokollen ersichtlich, wurden alle Beobachterinnen in bedeutsame Szenen der Familie verwickelt. Die Analyse dieser Verwicklungen führte zu wichtigen Erkenntnissen über die triangulären Strukturen der Familie, die anders vermutlich nicht hätten formuliert werden können.

Die Protokolle (und die Nachgespräche) zeigen auch, daß es in keiner Beobachtung zu grob verzerrenden Reaktionen der Beobachter, die zu einer Verfälschung der Situation geführt hätten, gekommen ist.

Aufgrund dieser Erfahrung läßt sich die These aufstellen, daß die Beobachter in den Protokollen ihre Gegenübertragung mitteilen konnten, die Erkenntnis und interpretative Aufarbeitung aber dem Seminar überlassen blieb.

4.1.2. Teilnehmende Beobachtung

Die teilnehmende Beobachtung gilt als das „Kernstück" der Feldforschung (Friebertshäuser 1997, S. 504, vgl. auch Legewie 1995).

„Während Interviewverfahren und Fragebogenerhebungen Verhaltensweisen und Einstellungen lediglich aus den Angaben der Befragten erschließen, vermag die teilnehmende Beobachtung Verhalten in vivo zu erfassen und zu dokumentieren" (a. a. O., S. 505).

Durch die Teilnahme des Forschers läßt sich die Entfaltung szenisch bedeutsamer Zusammenhänge so unmittelbar wie in der Forschung möglich erfassen. Nur psychoanalytische Interviews, therapeutische Gespräche oder projektive Verfahren – also Verfahren, die in der Lage sind, die internalisierten Objektbeziehungen und ihre Verarbeitung dialogisch zu erfassen – könnten einen intensiveren Einblick in wesentliche Interaktionen geben.

Der Beobachter dagegen sieht das Ergebnis der internalisierten Prozesse, so, wie es in das äußere Verhalten mit wichtigen Bezugsper-

sonen einmündet. Innerhalb der Forschung, die sich nicht auf auf-
deckende Gespräche oder projektive Verfahren stützt, nähert sich die
teilnehmende Beobachtung ihrem Gegenstand deshalb so weit als
möglich an.

4.1.2.1. Teilnehmende psychoanalytische Beobachtung

Auch innerhalb der Psychoanalyse spielte die Beobachtung von Kindern immer eine wichtige und anerkannte Rolle. So hat Freuds Beobachtung des Garnrollenspiels seines Enkels (1920) nicht nur seine
eigene Theoriebildung über die Wiederholung und spielerische Bewältigung unlustvoller Erlebnisse beeinflußt, sondern wurde auch
immer wieder von seinen Nachfolgern aufgegriffen.

Winnicott hat den Mutter-Kind-Dialog beobachtet, indem er im
Rahmen seiner Erstgespräche mit Müttern und ihren Kindern kleine
experimentelle Vergleiche vorgenommen hat. Er legte einen Spatel an
den Rand seines Schreibtischs und beobachtete, wie das Kind den
Spatel aufnimmt, wie es sich dabei der Mutter vergewissert und in
welcher Form die Mutter auf dieses Spiel eingeht (1941).

Für Winnicott war es klar, daß er nicht ein isolierte Person, sondern eine Beziehung beobachtet: „There is no such thing as a baby –
meaning that if you set out to describe a baby you will find you are
describing *a baby and someone*" (1947, S. 88, im Orig. kursiv).

Winnicott spielte auch nicht Beobachtung und klinische Forschung
gegeneinander aus:

„Die Psychoanalyse hat viel zu lernen von denen, die Säuglinge,
Mütter und Säuglinge zusammen und kleine Kinder in ihrer natürlichen Lebensumwelt direkt beobachten. Die direkte Beobachtung
kann andererseits von sich aus keine Psychologie des frühen Säug-
lingsalters konstruieren. Durch ständige Zusammenarbeit werden
Analytiker und Direkt-Beobachter vielleicht in der Lage sein, das,
was in der Säuglingsentwicklung tief ist, mit dem, was früh ist, zu
korrelieren" (1965, S. 147).

M. Mahler et al. (1975) beobachteten dagegen systematisch und
methodisch kontrolliert. Sie führten ihre Beobachtungen in den Räumen eines Kindergartens durch und stellten dadurch eine „gewisser-

maßen standardisierte Situation" her (1975, S. 31). Ihre Arbeit führte zur Theorie der Individuation und Separation.

Die empirische Säuglingsforschung verwendet klar strukturierte und standardisierte Beobachtungen, um „gute Antworten" von den Säuglingen zu erhalten. Es müssen „leicht beobachtbare, häufig ausgeführte Verhaltensweisen sein, die der willkürlichen Muskelkontrolle unterliegen und während der wachen Inaktivität abrufbar sind. Drei Verhaltensweisen können, und zwar von Geburt an, als ‚gute Antworten' dienen: Kopfwenden, Saugen und Blicken" (Stern 1985, S. 63).

Bei keiner der aufgeführten Untersuchungen Untersuchungen wurde im natürlichen Umfeld der Kinder gearbeitet. Deshalb gibt es wenig wissenschaftlich relevantes Wissen über den Alltag und die Beziehungsaufnahme der Kinder in ihrer gewohnten häuslichen Umgebung, über die komplexen Prozesse, wie Beziehungen gestaltet werden, wenn die Familie in ihrer Wohnung oder in ihrem Haus ist. Die Tradition der Psychoanalyse, vorwiegend Zweierbeziehungen in der klinischen Situation zu erforschen, ist erst in den letzten Jahren zu komplexeren Fragestellungen ausgedehnt worden (z. B. Herzog 1991, von Klitzing 1997). Während von Klitzing triadische Strukturen vorwiegend durch halbstrukturierte Interviews und Beobachtungen in standardisierten Situationen in einem Untersuchungsraum zu erforschen suchte, hat – wie erwähnt – nur J. Herzog in seiner Studie 8 Familien über einen längeren Zeitraum in ihrer häuslichen Umgebung aufgesucht, um auf diesem Weg die Vater-Kind-Interaktion zu erforschen (1991, S. 34 f.).

Neben diesen Studien gibt es allerdings die Tradition der Babybeobachtung, die zunächst in London in den „Hampstead War Nurseries" von Anna Freud und ihren Mitarbeitern begonnen wurde. Diese Beobachtungen wurden schließlich zur teilnehmenden Beobachtung der frühen Kindheit im Rahmen der psychoanalytischen Weiterbildung ausgedehnt. Hier besucht der Beobachter eine Familie einmal in der Woche über den Zeitraum von ein (manchmal auch zwei) Jahren, um die Entwicklung des Baby miterleben zu können (vgl. Bick 1964, W. E. Freud 1976). Die Beobachtungen finden in der Wohnung der Familie statt, wobei offen bleibt, wer außer der Mutter und ihrem Baby noch anwesend ist. Das Erkenntnisinteresse ist eindeutig auf die

Entwicklung des Baby und sein Zusammenspiel mit der Mutter ausgerichtet. Aus den in der Literatur veröffentlichten Vignetten läßt sich schließen, daß die Väter eher selten anwesend waren. Diese Beobachtungen wurden kaum wissenschaftlich ausgewertet. Sie stellen zwar einen großen Erfahrungsschatz dar, der aber über die Ausbildung des einzelnen Psychoanalytikers hinaus wenig Bedeutung erlangt hat.

An der Babybeobachtung wurde deshalb auch zunächst der Lerngewinn für den angehenden Psychoanalytiker betont: „Im Mittelpunkt des Interesses einer Babybeobachtung steht die lebendige Erfahrung, die der Beobachter bzw. die Beobachterin während des Zeitraums der Beobachtung sammelt" (Ermann 1996, S. 280).

Es wird insbesondere beschrieben, wie die offene, unvereingenommene Haltung des Beobachters eine Vorbereitung für die „freischwebende Aufmerksamkeit" des Psychoanalytikers darstellt: „Der Beobachter soll sich dem Geschehen teilnehmend öffnen, ohne sich emotional zu engagieren. Dazu gehört, daß er Moralisieren oder Kritik an der Art des Umgangs der Mutter mit ihrem Säugling unterläßt und Rat, Anleitung oder Beruhigung nach Möglichkeit vermeidet. Er darf nicht ‚wild' analysieren" (Köhler-Weisker 1980, S. 632).

Der Beobachter soll, wie auch der Psychoanalytiker, sich den Blick nicht durch voreilig herangezogene Theorien verstellen: „Das wichtigste Ziel bei einer Babybeobachtung ist – nach meinen Erfahrungen – wirklich zu beobachten; – zu lernen, keine voreiligen Schlüsse zu ziehen, keine Klischees, keine Theorie oder Denkmodelle zu benutzen, sondern die Dinge immer wieder vollständig neu zu sehen, denn kein Baby ist wie das andere" (Bick, zit. n. Ermann 1996, S. 281).

Damit empfiehlt sie dem Beobachter die Haltung des Forschers, der Neues entdecken möchte; eine Haltung, die auch dem Psychoanalytiker zu eigen ist.

4.1.2.2. Über die Präsenz des teilnehmenden Beobachters

Alle Autoren, die über die teilnehmende Beobachtung schreiben, betonen nicht nur den großen Gewinn an unmittelbarer Anschauung, sondern beschreiben auch eine Schwierigkeit, die sich aus der persönlichen Anwesenheit des Beobachters ergibt. Jeder Beobachtete wird bewußt oder unbewußt versuchen, eine Beziehung zum Beobachter herzustellen und ihn aus der abstinenten Haltung heraus und in eine bedeutsame Szene hineinzulocken.

Auch von sich aus kann der Beobachter dazu tendieren, sich durch eine „Überidentifikation" seinem Gegenüber anzunähern und dadurch den Abstand zu minimieren (Friebertshäuser 1997, S. 514). „Die Konsequenz ist ein Distanzverlust zum Forschungsgegenstand, der die Datenerhebung erschwert oder unmöglich macht" (Legewie 1995, S. 192).

Deshalb suchen die Babybeobachter eine Einstellung, „in der sich der Beobachter emotional ansprechen läßt und beteiligt ist, ohne sich involvieren zu lassen" (Ermann 1996, S. 280).

Die Schwierigkeit dieser Haltung hat Lazar psychodynamisch ausgeführt:

„Man muß eine Position für sich finden, wo man genug ‚mental space', also genügend psychischen Spielraum hat, um sowohl das Geschehen in einem selbst als auch in der Situation beobachten und reflektieren zu können; eine Position, in der man freundlich, aufnahmefähig und unkritisch bleiben kann. Man muß die Projektion verschiedener unbewußter Ängste und emotionaler Zustände miterleben und aushalten können, sich vom therapeutischen Ehrgeiz zurückhalten und sich immer der Fehlbarkeit der eigenen ‚allwissenden Präkonzeption' ... bewußt sein" (Lazar et. al., 1986, S. 207 f.).

Die daraus resultierende Schwierigkeit hat mit dem Charakter der teilnehmenden Beobachtung zu tun. Der Beobachter setzt sich einem ihm fremden Feld aus. Das Feld ist nicht von ihm – wie im Labor –, sondern von der Familie vorgegeben.

Innerhalb der Beobachtung verzichtet er auf soziale und professionelle Kompetenzen, indem er möglichst abstinent das Gesehene und Erlebte in sich aufnimmt. Dies führt einerseits zu einer emotionalen Berührbarkeit, andererseits verlangt es ihm eine eingeschränkte Handlungsfähigkeit ab, weil er die in der Beobachtung entstehende Anspannung nicht durch professionell gewohnte Handlungsmuster auflösen kann (wie sie z. B. der Arzt durch die Behandlung oder der Psychoanalytiker durch die Deutung hat).

Auch wenn der Beobachter durch die zeitliche Begrenzung einen Rahmen hat, ist er trotzdem einer vergleichsweise größeren Labilisierung ausgesetzt als in einem institutionell abgesicherten Umfeld. „Hier ist der Beobachter nicht geschützt durch eine Rolle, wie dies der Fall ist, wenn er als Experte oder Ratgeber, Freund, Arzt oder Familienmitglied auftritt. Hier wird er dem Beziehungssog der Familie ausgesetzt, und zusätzlich wird seine eigene unbewußte infantile Persönlichkeitsebene aktiviert. Seine eigenen frühen Beziehungserfahrungen beginnen durch die Beobachtung erneuert mitzuschwingen. Die psychischen Mechanismen der frühen Kindheit sind Introjektion, Projektion, Identifizierung und projektive Identifizierung. Die eigenen Erfahrungen des Beobachters als Baby oder Elternteil können dazu führen, sich projektiv mit diesem Baby oder dieser Mutter zu identifizieren. Das Beobachtungskind zu trösten heißt dann auch, das eigene Baby-Ich zu trösten, die Angst zu verdrängen. Andererseits bedeutet es zugleich, sich selbst als bessere Mutter zu fühlen, der Mutter zu zeigen, was sie zu tun hätte" (Lazar et. al., 1986, S. 202 f.).

Die Ethnopsychoanalytiker haben diese Labilisierung mit dem radikaleren Begriff vom „sozialen Sterben" charakterisiert, dem der Forscher durch den Verlust seiner absichernden Rollen ausgesetzt ist:

„Das soziale Sterben ist jener Prozeß, in dem die klassen-, kultur- und zum Teil geschlechtsspezifischen Rollenidentifikationen zerfallen, so daß unbewußte Identifikationen und die dazugehörigen Werte bewußt werden ... Versucht man, ihn abzuwehren, verfängt man sich in Rollenfixierungen, welche die Wahrnehmung der Realität einschränken und die Begegnung von Subjekten anstatt von Rollenträgern verhindern" (Nadig 1986, S. 43 f.).

Zwar ist der Zweck der Beobachtung in der Familie scheinbar klar definiert. Aber der Beobachter ist eben kein Neutrum, das die Familie von außerhalb unbehelligt beobachten kann. Schließlich hat jede Familie – auch, wenn sie von sich aus keine Hilfe gesucht hat und einer Form der Beobachtung zugestimmt hat, in der ihnen keinerlei aktive Hilfe versprochen wurde – auch unbewußte Motive und Erwartungen, die sich an die Beobachtung knüpfen. Deshalb werden unbewußte Bedürfnisse und Konflikte an den Beobachter herantragen und es wird versucht, ihn im Sinne einer unbewußten Rollenerwartung (vgl. Sandler 1976) einzubeziehen. Auch Köhler-Weisker erwähnt, daß der Beobachter in der Familie häufig „bestimmte Rollen angetragen" bekommt: „Es ist wichtig für den Beobachter, diese Rollenzumutungen zu erkennen und sich ihnen nicht zu fügen" (1980, S. 637 f.).

Aber zunächst wird es dem Beobachter in bestimmten Szenen – die sich später in der Regel als bedeutsam für die unbewußte Dynamik der Familie herausstellen – schwer fallen, abstinent zu bleiben. So kann es sein, daß er vom Vater oder von der Mutter nach seiner Meinung in Erziehungsproblemen gefragt wird. Bei Differenzen zwischen den Eltern soll er manchmal Stellung nehmen oder die Klage über einen Partner teilen. Insbesondere die Kinder aber, wenn sie dem Säuglingsalter entwachsen sind, sehen kaum ein, daß der Beobachter abstinent bleiben will und zum Beispiel nicht der Spielgefährte sein kann, der in der Familie vielleicht schon immer gefehlt hat.

Köhler-Weisker empfiehlt eine weitgehend abstinente Haltung. Zwar kann ein Gespräch eingegangen und können Fragen beantwortet werden, aber der Beobachter soll immer versuchen, sich darüber klar zu werden, wie angemessen ihm seine augenblickliche Beteiligung in der Szene erscheint. „Es ist ratsam für ihn, nicht viel von sich zu erzählen. Sicher muß er die Neugierde der Familie in gewisser Weise befriedigen und deren Fragen beantworten. Dabei kann er auch Gegenfragen stellen. Wichtig ist, sich darüber klar zu werden, welche Fragen im Dienst eines latenten, unangemessenen und welche im Dienst eines manifesten und angemessenen Bedürfnisses stehen" (1980, S. 632).

Auch die Frage der Anwesenheit des Beobachters und die damit verbundene Veränderung der Interaktion läßt sich erkenntnistheoretisch unter Einbezug der Ethnopsychoanalyse selbstbewußter verstehen. Anstatt dem Beobachter nur eine vorsichtig-zurückhaltende Einstellung zu empfehlen – die er natürlich beachten sollte –, sollte er seine forschende Aufmerksamkeit gerade auf die Tatsache seiner Anwesenheit und die dadurch entstehenden Szenen richten.

Sobald sichergestellt ist, daß er von sich aus keine aktive Gestaltung der Beobachtung initiiert, kann sich das Erkenntnisinteresse auf die Frage richten, wie die Familie auf die Anwesenheit des Fremden reagiert. Er beobachtet, wie die Familie mit ihm umgeht.

„Statt die Störung, die durch unsere Anwesenheit im Feld oder im Laboratorium entsteht, zu beklagen und die Objektvität von Verhaltensbeobachtungen in Frage zu stellen, sollten wir das Problem konstruktiv zu lösen und herauszufinden suchen, *welche positiven Erkenntnisse – die sich auf anderem Wege nicht erhalten lassen – wir von der Tatsache ableiten können, daß die Gegenwart eines Beobachters (der dieselbe Größenordnung hat, wie das, was er beobachtet) das beobachtete Ereignis stört*" (Devereux 1967, S. 304, im Orig. kursiv).

Devereux zeigt anhand von Beispielen, wie eine Stammeskultur sich auf seine Anwesenheit im Dorf schrittweise einstellte und sich dabei die Bedeutung, die er für das Dorf einnahm, immer wieder veränderte:

„Meine Ankunft rief also eine Störung hervor, und weitere Störungen ereigneten sich auf jeder Stufe meiner schrittweisen Anerkennung. Worauf es hierbei ankommt, ist, daß keine dieser Störungen wissenschaftlich unfruchtbar war; jede beleuchtete die Gleichgewichtsmechanismen, mit deren Hilfe die Sedang mit unvorhergesehenen und noch nicht dagewesenen Problemen fertig werden. *Hinzu kommt, daß einige der Einsichten, die diese Daten erbrachten, nicht mit anderen Mitteln gewonnen werden könnten und von einem körperlosen, unsichtbaren Anthropologen niemals hätten beobachtet und analysiert werden können*" (a. a. O., S. 306, im Orig. kursiv).

In unseren Beobachtungen versuchten die Beobachter, den Kontakt mit den Eltern weitgehend neutral zu halten, während sie sich auf Spiele mit den Kindern durchaus einließen, diese aber auch wieder von sich aus beendeten. Damit versuchten sie einen Mittelweg zwischen Abstinenz und Teilnahme herzustellen, der nicht zu künstlich und unverständlich für die Kinder blieb.

Insbesondere die über die Kinder initiierten Szenen, die es weder den Eltern erlaubten, im Rahmen sozial erwünschter, „vorzeigbarer" Interaktionen zu bleiben, noch den Beobachtern, abstinent zu bleiben, wurden zur Quelle wichtiger Erkenntnisse, die sich überwiegend szenisch erschließen ließen.

Natürlich hat die Seminargruppe, die die Beobachtungsprotokolle bearbeitet und damit den triangulären Blick von außen auf die Dynamik einnehmen kann, eine große Bedeutung für das Verständnis der aktuellen Inszenierung. Sie hilft dem Beobachter, die unbewußten Rollenangebote der Familie besser zu verstehen, so daß er sich in den folgenden Beobachtungen auf sie einstellen kann (vgl. Crick 1997, S. 253).

4.1.2.3. Der forschende Blick

Eine weitere Schwierigkeit für den Beobachter besteht in dem scheinbar einseitigen Nutzen, den er aus der Beobachtung zieht.

„Die psychologische Situation der Beobachter wurde dadurch erschwert, daß sie das Gefühl hatten, von den Müttern etwas zu wollen und zu bekommen, ohne etwas für sie zu tun oder ihnen etwas geben zu können" (Köhler-Weisker 1980, S. 629). Es ist eine recht ungewöhnliche Situation, „in eine Familie zu gehen und dort zu beobachten. Es ist eine Alltagssituation, in der es aber um ganz Persönliches geht. Die Beobachter hatten mit Unbehaglichkeit und Fremdheitsgefühlen beim Eindringen in die Intimität einer Familie zu kämpfen" (a. a. O.).

In den Beobachtungen, die Köhler-Weisker betreute, wich dieses Unbehagen im Verlauf der Beobachtung und es entstand ein „Gefühl des Angenommenwerdens, des Dazugehörens" (a. a. O.).

Diese Erfahrungen konnten wir in unseren Beobachtungen bestätigen. Ich hatte schon darauf hingewiesen, daß anders als in der Ethnopsychoanalyse die Beobachtung in einer Familie der eigenen Kultur fremd und vertraut zugleich ist. Der Beobachter kommt in eine Kultur, die er mit eigenen familiären Erfahrungen vergleichen kann. Dort nimmt er an Interaktionen teil, die eigentlich nicht für Außenstehende bestimmt sind. Er bekommt dadurch einen Einblick, bei dem sich das Gefühl des Verbotenen einstellen kann (psychoanalytisch gesehen bietet sich z. B. die Fantasie des ödipalen Blickes in das Schlafzimmer der Eltern an).

Die dadurch entstandene Anspannung der Beobachter löste sich in der Regel im Verlauf ihrer Anwesenheit in der Familie. Trotzdem wurde durch die Zweitlesung der Protokolle deutlich, daß die Beobachter während der Beobachtung unbewußte Abwehrprozesse der Familie übernommen und gegenüber der Seminargruppe vertreten hatten. Diese Identifikation löste sich erst durch den zeitlichen Abstand der Zweitlesung auf.

Im Zusammenhang mit dem Eindruck, eine Intimgrenze zu überschreiten, erscheint es mir wichtig, noch einmal auf die unbewußten Erwartungen einzelner Familienmitglieder einzugehen. Man kann davon ausgehen, daß die Familie nicht nur dem Beobachter etwas gibt, daß also der Austausch nicht so einseitig ist, wie er zunächst erscheint. Es hat auch für die Familie eine Bedeutung, wenn sie beobachtet wird. Sonst hätte sie der Beobachtung nicht zugestimmt. So gibt der Beobachter allein durch seine Anwesenheit und sein Interesse an dem Zusammenleben der Familie eine Aufmerksamkeit, die psychodynamisch wirksam sein kann.

Lazar schließt aus seinen Erfahrungen, daß diese Aufmerksamkeit des Beobachters als „einmalig und nahezu immer als wohltuend von der Familie und insbesondere der Mutter erlebt wird" (1986, S. 204).

Ich möchte zumindest hypothetisch noch einen Schritt weitergehen. In der Anwesenheit des Fremden bündeln sich Hoffnungen, Erwartungen, Konflikte oder Ängste, die zwar in der Familie ohnehin vorhanden sind, jetzt aber in der Art unbewußter Inszenierungen an ihn herangetragen werden. Da die Beobachtung keine therapeutische Situation ist, können solche Szenen nicht verbalisiert und gedeutet werden. Trotzdem werden einzelne Familienmitglieder die Anwesenheit des Beobachters in einem Sinne verwenden, der psychodynamisch wirksam sein kann, aber oft nicht zu überschauen und deshalb nicht wissenschaftlich auszuwerten ist. In der Diskussion des Einzelfalls lassen sich Hinweise für die Art dieser Verwendung finden.

In jedem Fall ist die Anwesenheit des Beobachters kein einseitig eindringender Akt, sondern muß in der Dynamik verstanden werden, wie die Familie das Fremde aufnimmt und verwendet.

Abschließend möchte ich darauf hinweisen, daß alle Autoren, die über die teilnehmende Babybeobachtung berichten, die wichtige Erfahrung betonen, die der Beobachter dort für sich machen kann. In der Beobachtung „können Erfahrungen gesammelt werden, die sonst nirgendwo, weder in der Klinik, im Krankenhaus oder Forschungslabor, noch in einer Kinderstube, zu Hause oder bei Bekannten zugänglich sind" (Lazar et al. 1986, S. 205). Ermann regt an, die Beobachtungen als „eine beschreibende Wissenschaft mit dem Ziel, Phänomene des Seelenlebens wahrzunehmen und zu verstehen" (1996, S. 290), zu sehen und Köhler-Weisker empfiehlt die Kinderbeobachtung als ein „wichtiges Werkzeug der psychoanalytischen Forschung" (1980, S. 648).

4.1.3. Das Protokoll

Das Protokollieren, in der Feldforschung das Forschungstagebuch, „ist eines der wichtigsten Instrumente der Feldforschung. Denn die Informationen aus dem Feld werden durch die Person des Forschenden in Form von schriftlichen Aufzeichnungen und Auswertungen mitgeteilt. Der oder die Forschende wird bei diesem Verfahren zum wichtigsten Forschungsinstrument ... Informationen aus dem Feld werden durch Feldforschende gefiltert und selegiert. Methoden der Selbstreflexion bilden deshalb ein zentrales Element dieser Forschung" (Friebertshäuser 1997, S. 518).

„Das Wichtigste ist die *Verschriftlichung* der eigenen spontanen Assoziationen; die Niederschrift läßt sie zu einem Text werden, der fest steht, an dem nicht mehr zu rütteln ist und von dem wir annehmen können, daß er die *unbewußten* Funktionsweisen enthält. An diesem Text kann dann gearbeitet werden" (Nadig 1986,S. 40, im Orig. kursiv).

Lorenzer spricht von der „Festigkeit des Textes", die sich gegen die Willkür des Interpreten behauptet und damit die Absicherung der Interpretation gewährleistet, die sich in der analytischen Beziehung durch die Antwort des Patienten ergibt (vgl. 1986).

Das Protokoll eines psychoanalytischen Interviews oder einer Behandlungsstunde ist die subjektive Dokumentation der Erfahrung einer Beziehung. Der Text besteht aus der Rekonstruktion der inneren Erfahrung eines Beziehungserlebnisses. Die ursprüngliche, sowohl sprachliche wie szenisch-körperliche Situation wird in eine Schriftsprache gebracht (vgl. Dammasch 1997).

Es handelt sich also um einen rekonstruktiven und zugleich konstruierenden, kreativen Prozeß, in dem ein verdichteter Text entsteht, der „die Spannung zwischen objektiver Beschreibung und subjektiver Wahrnehmung beinhaltet" (a. a. O., S. 7). Auch während der teilnehmenden Beobachtung werden die Erlebnisse bewußt und unbewußt aufgenommen. Aber anders als in der therapeutischen Begegnung ist der teilnehmende Beobachter kein intentional aktiver Dialogpartner. Er sollte sich auf die Beobachtung beschränken und zuerst die beobachteten Interaktionen in der Familie beschreiben. Das Protokoll enthält daher eine Verhaltensbeschreibung, bei der notwendigerweise aus der Komplexität ausgewählt werden muß.

In die Verhaltensbeschreibung fließt das Beziehungserleben des Beobachters ein. Das Protokoll enthält also keine objektive Beobachtung der Familie, sondern es ist das sprachlich verdichtete Zeugnis der Begegnung zwischen dem Beobachter und der Familie.

Durch seine unmittelbare Teilnahme kann der Beobachter vorsprachliche Bedeutungen verspüren, die mit anderen Forschungsmethoden kaum zugänglich sind. Zugleich kann er kein vollständiges Bild der Familie im Sinne eines objektivierenden Ideals geben, sondern er muß in der Verhaltensbeschreibung auswählen.

Anders als in der therapeutischen Begegnung, die in der Handlungsebene durch das Setting eingeschränkt und auf eine Dyade beschränkt ist, ist der familiäre Alltag ungleich komplexer. Ein Protokoll ist aus verständlichen Gründen nicht in der Lage, diese gesamte Komplexität aufzuzeichnen. Ihre Absicht war es, das beobachtbare Verhalten und ihre Gefühle dazu, soweit sie zugänglich waren, aufzuzeichnen. Dabei sind erfrischend offen formulierte Protokolle entstanden, die dem Leser als hinzukommenden Dritten anschauliche Einblicke in die jeweilige Familie eröffnen.

Die Auswertung muß den Charakter des Protokolls beachten. Deshalb werden die Schilderungen der Verhaltenssequenzen als tatsächlich stattgefundene Ereignisse und damit als Einblicke in den familiären Alltag angenommen, sofern nicht auffällige Formulierungen im Protokoll eine subjektiv verzerrte Wahrnehmung der Beobachtung nahelegen. Von der Verhaltensbeobachtung zu unterscheiden und als

Beschreibung einer unbewußten Inszenierung zu bearbeiten sind die Kommentare und subjektiven Wahrnehmungen der Beobachter, die ihre Beziehung zur Familie und ihre unbewußte Verwicklung anzeigen.[13]

4.1.4. Qualitative Einzelfallstudie

In unserer Studie gehen wir von qualitativen Einzelfallstudien aus. Diese Art der Forschung ist sowohl in den Sozialwissenschaften wie auch in der Psychoanalyse ein anerkanntes Instrument, weil sie die Komplexität eines Falles „möglichst umfassend und detailliert" zu erfassen vermag (vgl. Bortz/Döring 1995, S. 298).

„Gerade in der Psychoanalyse ist es unbestritten, daß die klinische ‚Junktim-Forschung' zu einem reichen Wissen über die unbewußte Dynamik psychogener Störungen und ihrer Behandlung sowie der sie determinierenden individuellen und kulturellen Faktoren verholfen hat" (Leuzinger-Bohleber 1995, S. 447).

In der Studie handelt es sich allerdings nicht um psychoanalytische Behandlungen, sondern um Beobachtungen, die noch dazu erheblich kürzer als Psychoanalysen sind. Trotzdem stehen die Merkmale des Einzelfalls ganz im Vordergrund.

Denn bereits 10 Beobachtungen ergeben mehr als eine diagnostische Momentaufnahme. In allen Beobachtungen ließen sich Verlaufsformen feststellen, die sich entlang der Beziehungsaufnahme in eine Annäherung, eine Verdichtung und eine Abschiedsphase unterteilen ließ.

Anders als in der psychoanalytischen Einzelfallstudie bleibt in der Beobachtung die Validierung nicht dem einzelnen Psychoanalytiker überlassen (vgl. Leuzinger-Bohleber 1995, S. 447 ff.). Die Aufnahme und die Auswertung der Daten sind in unserer Untersuchung getrennt. Durch die Gruppendiskussion im Seminar, die anschließende Über-

---

[13] Eine mögliche Variante in den Beobachtungen könnte die Tatsache darstellen, daß alle Beobachtungen von Frauen durchgeführt wurden. Es wäre anhand weiterer Beobachtungen zu klären, inwieweit in den beobachteten Familien z. B. mütterliche Erwartungen aktualisiert wurden.

arbeitung der Seminardiskussion durch einzelne Studenten sowie durch die psychoanalytisch-hermeneutische Arbeit am Text ist eine nachweisbare und für den Leser überprüfbare externe Kohärenz gewährleistet (vgl. auch Stuhr 1995).

4.2. Auswertung

4.2.1. Psychoanalytische Hermeneutik

Jeder Text enthält neben dem manifesten, vom Autor absichtlich mitgeteilten Sinn darüber hinausgehende Bedeutungen. Diese resultieren neben kulturspezifischen Stilen, konventionellen Reaktionen im Sinne sozialer Erwartungen oder aktuellen Einflüssen insbesondere auch aus der Wirkung dynamisch unbewußter Zusammenhänge.

Von der Grundannahme der latenten Bedeutung des Textes gehen alle hermeneutischen Verfahren aus. Sie ist auch die Voraussetzung der Psychoanalyse, die hinter der bewußt intendierten Rede des Patienten Hinweise auf dynamisch unbewußte Mitteilungen erwartet.

S. Freud hat die Psychoanalyse, wenn auch mit einem „szientistischen Selbstmißverständnis" (Habermas), als ein sinnverstehendes Verfahren entwickelt. In den „Studien zur Hysterie" läßt sich anschaulich nachvollziehen, wie er die Neurosen der Patienten durch das Aufspüren unbewußt gewordener, sinnlogischer Verknüpfungen zu verstehen beginnt und dadurch den sprachlich vermittelten Charakter der Behandlung ganz in den Vordergrund stellt.

So schreibt er in der Zusammenfassung der ersten Behandlungen:

„Man muß ein Stück des logischen Fadens in die Hand bekommen, unter dessen Leitung man allein in das Innere einzudringen hoffen darf. Man erwarte nicht, daß die freien Mitteilungen des Kranken, das Material der am meisten oberflächlichen Schichten, es dem Analytiker leicht machen zu erkennen, an welchen Stellen es in die Tiefe geht, an welche Punkte die gesuchten Gedankenzusammenhänge anknüpfen. Im Gegenteil: gerade dies ist sorgfältig verhüllt, die Darstellung des Kranken klingt wie vollständig und in sich gefestigt. Man steht zuerst vor ihr wie vor einer Mauer, die jede Aussicht versperrt und die nicht ahnen läßt, ob etwas und was denn doch dahinter steckt. Wenn man aber die Darstellung, die man vom Kranken ohne viel Mühe und Widerstand erhalten hat, mit kritischem Auge mustert, wird man ganz unfehlbar Lücken und Schäden in ihr entdecken. Hier ist der Zusammenhang sichtlich unterbrochen und wird vom Kranken durch eine Redensart, eine ungenügende Auskunft notdürftig ergänzt; dort stößt man auf ein Motiv, das bei einem normalen Menschen als ein ohnmächtiges zu bezeichnen wäre. Der Kranke will diese Lücken nicht anerkennen, wenn er auf sie aufmerksam gemacht wird. Der Arzt aber tut recht daran, wenn er hinter diesen schwachen Stellen den Zugang zu dem Material der tieferen Schichten sucht, ..." (1895, S. 297 f.).

In der „Traumdeutung" rückt Freud die Bedeutung des Wortes in den Mittelpunkt: „Das Wort, als der Knotenpunkt mehrfacher Vorstellungen, ist sozusagen eine prädestinierte Vieldeutigkeit, und die Neurosen ... benützen die Vorteile, die das Wort so zur Verdichtung und Verkleidung bietet, nicht minder ungescheut wie der Traum" (1900, S. 346). Diese Verdichtung soll durch die Interpretation wieder aufgeschlüsselt werden.

Dabei geht das psychoanalytische Verstehen über das logische und das psychologische Verstehen hinaus.

Bei dem ersten, dem logischen Verstehen geht es um logische Konsistenz und Prägnanz von Bezeichnungen, Sachverhalts- und Situationsschilderungen. Der Text wird auf Regelabweichungen und Widersprüche linguistischer Art hin untersucht. Inkonsistenzen in der Sprache weisen auf unerkannte Bedeutungsträger latenten Sinns hin.

Das zweite, das kommunikationstheoretische Verstehen beschäftigt sich mit dem pragmatischen Verwendungssinn der Äußerungen in der speziellen Interaktionssituation. Die Verständigung ist dabei in zweifacher Hinsicht kontextabhängig: sowohl vom Kommunikationskontext wie auch vom inhaltlichen Kontext. Über den Informationscharakter der Sprache hinausgehend werden die Botschaften im Kommunikationsprozeß untersucht (vgl. Leithäuser/Volmerg 1979).

Das logische und das kommunikationstheoretische Verstehen sichern auf der manifesten Ebene die gründliche Erfassung der grammatikalisch und interaktiv organisierten Anzeichen unbewußter Konflikte. Aber erst das szenische Verstehen erschließt unbewußt mitgeteilte Beziehungsfiguren. Auch hier hat Freud erste Hinweise gegeben. In seinem Bemühen, mit dem Patienten dessen psychische Wahrheit aufzufinden, war er zunehmend mit der psychoanalytischen Beziehung und dadurch mit der szenischen Darstellung des unbewußten Konflikts konfrontiert: „So dürfen wir sagen, der Analysierte *erinnere* überhaupt nichts von dem Vergessenen und Verdrängten, sondern er *agiere* es. Er reproduziert es nicht als Erinnerung, sondern als Tat, er wiederholt es" (Freud 1914, S. 129, im Orig. kurs.).

Lorenzer (1974) und Argelander (1970) haben diesen psychoanalytischen Zugang zum Patienten als szenisches Verstehen ausgearbeitet. Sie gehen davon aus, daß frühe, vorsprachliche Interaktionserfahrungen im weiteren Verlauf der Entwicklung mit Sprache verbunden werden und dadurch das sprachsymbolische Bewußtsein bilden. Die aus dem Bewußtsein ausgeschlossenen, konfliktbesetzten Interaktionen dagegen fließen nicht nur in unbewußt determinierte Sprachspiele, sondern auch in „sinnlich-symbolische Interaktionsformen" (Lorenzer 1986, S. 59), die zur Inszenierung des Konflikts führen. Diese Inszenierung läßt sich sowohl wissenschaftstheoretisch (Lorenzer) wie auch klinisch darstellen (vgl. Sandler 1976, Klüwer 1983).

„Der Analytiker steht nicht in beschaulicher Distanz zum Patienten, um sich – wie aus einer Theaterloge – dessen Drama anzusehen. Er muß sich aufs Spiel mit dem Patienten einlassen, und das heißt, er muß selbst die Bühne betreten" (Lorenzer 1983, S. 113).

Durch die Teilnahme an der Szene kann ein Verständnis für deren Bedeutung entwickelt werden. Für diesen Prozeß ist es notwendig, daß der Analytiker sich zunächst mit dem Erleben des Patienten identifiziert und dann in einem zweiten Schritt eine distanziertere innere Position einnimmt, von der aus er die Szene, die der Patient mit ihm zu gestalten sucht, kritisch reflektieren kann. Er bringt sein Erlebnis mit dem Patienten in eine sprachliche Form, sei es durch eine innere Vergegenwärtigung oder in einer schriftlich abgefaßten Form.

In jedem Fall sucht er in einen reflexiven und selbstreflexiven Prozeß zu kommen. Dafür wechselt er aus der unmittelbaren dyadischen Erfahrung in einen inneren triangulären Raum (vgl. Metzger 1999). Die unbewußten Beziehungsformen werden dann in einem weiteren Schritt mit anderen Szenen oder Textstellen verglichen. Auf diese Weise können typische latente Strukturen, charakteristische unbewußte Interaktionsmuster erschlossen werden (vgl. Stuhr 1995).

Das Konzept der unbewußt dargestellten Szene lenkt die Aufmerksamkeit des Interpreten zur gegenwärtigen, sprachlich und szenisch vermittelten Beziehung. Die Sprache ist für die soziale Verständigung in eine sekundär überarbeitete Form gebracht worden, die auf soziale und kulturelle Konventionen Rücksicht nimmt. Die Notwendigkeit, Worte in der intersubjektiv kommunizierten Sprache für Szenen zu finden, führt zur Verdichtung und Anpassung an die sprachliche Gewohnheit und damit zur Verschleierung unbewußter Bedeutungen.

4.2.2. Eigenart des Textes

Lorenzer hat die Unterscheidung zwischen dem psychoanalytischen Prozeß mit einem Patienten und der Eigenart der tiefenhermeneutischen Textinterpretation herausgearbeitet.

Ausgehend von dem methodischen Prinzip, daß die Deutung unablässig zu dem Gedeuteten zurückkehren muß (vgl. 1986, S. 14), sieht er die Bestätigung der Deutung im psychoanalytischen Prozeß in den Antworten des Patienten und damit in der Entwicklung des Dialogs, während er für die psychoanalytische Textinterpretation den Prozeß zwischen Text und Leser und die Veränderung des Lesers betont. Er hat den Begriff der Festigkeit des Textes geprägt, an dem sich die Interpretation bewähren muß, um die Eigenart der Überprüfung der Textinterpretation zu unterstreichen (vgl. 1990, S. 266; 1986, S. 58).

Ich sehe die Protokolle der teilnehmenden Familienbeobachtung als Texte mit einer eigenen Qualität, die sowohl die Spuren der unmittelbaren Begegnung enthalten als auch die Form des protokollierten Textes annehmen. Mit der psychoanalytischen Situation haben sie das Erlebnis einer stattgefundenen Begegnung gemeinsam, mit der Textinterpretation dagegen die Arbeit an einem schriftlich fixierten Text. In der methodischen Aneignung sind beide Aspekte zu beachten.

Bei der Interpretation ist es notwendig, sich die verschiedenen Filter zu vergegenwärtigen, die die Textproduktion und -interpretation durchläuft:

– Das ursprüngliche Ereignis war die Interaktion der Familie zu einem vorher vereinbarten Zeitraum und in Anwesenheit des Beobachters.
– Das Ereignis wird zum Erlebnis für den Beobachter. Er hat aus der komplexen Interaktion einen Teil in seiner Wahrnehmung aufzeichnen können. Dieser Teil wird sowohl durch seine Anwesenheit in einem Raum während der Beobachtung bestimmt, die die Anwesenheit in anderen Räumen notwendig ausschließt, wie auch durch seine selektive Aufmerksamkeit, die einen Teil der stattgefundenen Szenen aufnimmt und andere übergeht.
Seine Wahrnehmung wird also sowohl durch räumliche Gegebenheiten begrenzt wie auch durch seine persönlichen Möglichkeiten, mit denen er auf die in der Beobachtung unbewußt auf ihn einwirkenden Prozesse reagiert, beeinflußt.
– Sein Erlebnis bringt der Beobachter in einen schriftlichen Bericht in Form des Protokolls. Im Prozeß der Versprachlichung sucht er einen konsistenten, für den Leser nachvollziehbaren Ablauf seines Erlebnisses darzustellen. Das Protokoll ist eine Konstruktion, mit der er aktiv sein Erlebnis schriftlich gestaltet.
– Der Leser trägt nun seinerseits im Akt des Lesens seine bewußten und unbewußten Erwartungen an den Text heran. „Das Bild in der Vorstellung des Lesers ist ein Produkt sowohl der Wirkung des Textes als auch der Handlung des Lesers. Indem der Text auf den Leser trifft, verändert er ihn, schafft er in ihm ein neues Bild und ermöglicht zugleich ein neues Handeln" (Raguse 1997, S. 217).
Die Auswahl der verwendeten Textstellen orientiert sich an Merkmalen des Textes, die sich als Grundlage für eine psychoanalytische Interpretation anbieten. Insbesondere habe ich den Prozeßcharakter des Textes, die Irritation im Verständnis einzelner Szenen, die Formulierung der Gegenübertragung und die unbewußte Inszenierung berücksichtigt:

– Prozeß der unmittelbaren Begegnung
Wie in der psychoanalytischen Situation, aber anders als im literarischen Text hat auch in den Beobachtungen eine Begegnung stattgefunden, die eine Aussagekraft enthält.

Beispiel: In den Protokollen der zweiten angeführten Familie (vgl. Kap. 5.3.) fiel von der ersten Beobachtung an der Harmonisierungsversuch vor dem Video auf, aus dem allerdings der 9jährige Sohn tendenziell herausfiel. Die Harmonisierung konnte nicht den Konflikt zwischen Vater und Sohn verdecken, der schließlich zu dem Gedanken der Beobachterin führte, es handele sich in dieser Familie nicht um den leiblichen Vater des Sohnes.

Nach dieser prägnant hervorgetretenen Fantasie in der dritten Stunde der Beobachtung wurde die Beobachtung über mehrere Stunden hinweg langweilig, d. h. es wurde eine Dynamik unterdrückt, bis schließlich gegen Ende der Beobachtung die Aggression in der Szene des „Mensch ärgere dich nicht-Spiels" und der von dem Sohn zerschlagenen Glastür manifest wurde.

Dazwischen gab es in diesen Protokollen immer wieder Szenen, in denen der Sohn entwertet wurde. Auf diese Szenen konnte ich in meiner Arbeit nur summarisch eingehen. Um sie detailliert am Text ausweisen zu können, hätte ich alle zehn Protokolle verbatim wiedergeben müssen, was einerseits bei allen drei Beobachtungen zu einer für den Leser schwer zu bewältigenden Materialfülle geführt hätte, andererseits aber auch das ethische Problem des Schutzes der Familie verschärft hätte.

– Irritation
Lorenzer hat die Irritation als eine Wahrnehmung „zwischen dem spürbaren Widerstand des Textes und der gleichschwebenden Aufmerksamkeit des Interpreten" bezeichnet (1990, S. 267). Die Irritation ergibt sich aus der Eigenart des Textes und der Offenheit des Analytikers für den Text (a. a. O.).

Als ein Beispiel für meine Irritation am Text möchte ich die Stelle in dem Protokoll über den Turmkäfig anführen (vgl. Kap. 5.2.), in der das 2,5jährige Mädchen der Mutter auf die Frage, was sie denn mache und warum die Tür ihres Kinderzimmers denn zu sei, antwortet:

100

„Lego". Aus dem Text geht hervor, daß das Mädchen erst später anfängt, mit dem Lego zu spielen, daß die Antwort an dieser Stelle also faktisch falsch war. Die Irritation im logischen Verstehen kann deshalb als Einstieg in eine vertiefte Bedeutung verstanden werden. Ich habe sie an dieser Stelle symbolisch verstanden. Sie gibt einen ersten Hinweis auf die später weiter entfaltete Bedeutung des Lego als verdichtetes Symbol für die Vatersehnsucht des Mädchen und für die Abgrenzung gegen das Plätzchen backen in der Küche.

– Gegenübertragung
In allen Protokollen haben die Beobachterinnen ihre Gegenübertragung mitgeteilt, teilweise absichtlich, teilweise durch ihre von ihnen selbst unerkannt gebliebene Reaktion auf eine Inszenierung in der Familie.

In der Familie mit der gehbehinderten Mutter (vgl. Kap. 5.4.) schaltete sich die Beobachterin von sich aus aktiv in die familiäre Interaktion ein, um die Mutter zu beruhigen, nachdem diese der Tochter gedroht hatte, sie sei aber schuld an einem möglichen Absturz, wenn sie das Nutella hoch oben in den Schrank stellen wolle. Die Beobachterin handelte meiner Meinung nach aufgrund einer Gegenübertragungsreaktion, weil sie eine Anspannung spürte, die sie zum Handeln, zur Beruhigung durch einen Dritten zwang. Sie wollte einerseits die Mutter beruhigen und andererseits den Kontakt zwischen der Mutter und den Kindern aufrecht erhalten. Diese Szene und die nicht vorgesehene Aktivität der Beobachterin habe ich als einen Beleg für die sonst vermittelnde Funktion des Vaters in der Familie interpretiert, der in diesem Moment ausnahmsweise nicht anwesend war.

– Szenisches Verstehen
Die bisher vorgetragenen methodischen Schritte münden alle im Konzept des szenischen Verstehens, so wie es von Lorenzer und Argelander entwickelt wurde. Durch das szenische Verstehen wird es möglich, den unbewußten, einer Szene latent unterlegten Sinn zu erschließen und damit ein tiefergehendes Verständnis der familialen Interaktion aufzuzeigen, als es mit anderen, nicht tiefenhermeneutisch vorgehenden Methoden möglich wäre.

Als bedeutsame Beispiele für szenisches Verstehen möchte ich noch einmal die „Nutella"-Szene erwähnen (vgl. Kap. 5.4.), die die Schonung der Mutter und die dabei abgewehrte Aggressivität in der Familie belegte.

Aber auch die Ausgrenzungstendenz in der Familie mit dem Stiefvater stellte sich szenisch dar (vgl. Kap. 5.3.). Sie wurde schon in der ersten Beobachtung beim Abendessen deutlich, als der Sohn, der noch nicht mit dem Essen fertig war, von der Familie alleine am Tisch gelassen wurde.

Die Verwicklung der Beobachterin in der „Turmkäfig"-Familie (vgl. Kap. 5.2.) stellte sich szenisch bei dem Versuch des 2,5jährigen Mädchens dar, als es sich gegen die Vereinnahmung durch die Mutter zu wehren versuchte. Das Mädchen fing an zu jammern, was aber nur die Beobachterin hören konnte, so daß sie schließlich zu dem Mädchen sagte: „dann geh doch runter."

– Überprüfung

Die Beobachtungen wurden in dem begleitenden Seminar vorgestellt und in der Gruppe diskutiert. Die Diskussionen wurden auf Tonband aufgezeichnet und protokolliert. Ein halbes Jahr später wurde eine Zweitlesung mit dem gleichen Verfahren vorgenommen. Im Seminar wurden die Teilnehmer im Sinn der Gruppenpsychoanalyse zur Äußerung ihrer Einfälle aufgefordert. In einer zunehmend offeneren und akzeptierenden Atmosphäre war es möglich, die Gruppe über weite Strecken als Matrix für die unbewußte Dynamik der Familie in der Beobachtungssituation zu sehen.

Zugleich habe ich die Protokolle fortlaufend mit dem kinderanalytischen Kollegen diskutiert, mit dem ich das Seminar gemeinsam durchgeführt habe.

In diesen Interpretationen wurden mögliche Identifikationen und Lesarten der Szenen aufgefächert. Dadurch ergaben sich interpretative Tendenzen, aber nur in Einzelfällen schon am Text abgesicherte Ergebnisse. So hatte z. B. die „Turmkäfig"-Szene schon von Anfang an eine unmittelbare Evidenz, die auch in späteren Überarbeitungen erhalten blieb. Andere Szenen dagegen konnten erst nach mehrfachen interpretativen Bemühungen tiefergehend erschlossen werden.

Auf weitere Schritte, wie eine separate Expertenvalidierung (Leuzinger-Bohleber 1998) oder eine erneute Gruppendiskussion (Lorenzer 1986) habe ich verzichtet.

Die dabei entstandenen Interpretationen sind nicht die Wahrheit über die jeweilige Familie, sondern sie stellen einen Ausschnitt dar, der sich anhand des jeweiligen Textes und der interpretativen und imaginativen Möglichkeiten der Interpreten zum gegenwärtigen Zeitpunkt formulieren läßt.

Die Interpretation stellt also nicht eine „einzig wahre" Rekonstruktion dar, denn es kann „keinen Text geben, der als Interpretation den Sinn eines anderen Textes vollkommen umschreiben würde" (Raguse 1997, S. 220), sondern sie faßt die Irritationen integrierend zusammen, die von dem Forscher oder der Forschungsgruppe zum gegenwärtigen Zeitpunkt aufgespürt und in eine neue Gestalt gebracht werden konnten.

Die Arbeit am Text führt zu einer neuen Fassung, die nur vorläufig mit einem neuen, jetzt wieder kohärenten Text abgeschlossen ist. Sie ist jedem weiteren Leser zur Überprüfung und Ergänzung zugänglich.

Anders als in der tiefenhermeneutischen Analyse, die sich ohne Vorannahmen dem Text nähert (vgl. Lorenzer 1986), sind die hier vorgelegten Interpretationen theoriegeleitet. Nach einem ersten Auswertungsschritt, der die Dynamik der jeweiligen Familie allgemein zu erfassen suchte, hat sich die Auswertung auf die Bildung von Dyaden und Triaden in der familiären Interaktion und auf die dabei ableitbare Bedeutung des Vaters konzentriert. Diese Auswertung bleibt offen für die jeweilige familiäre Dynamik, aber sie bezieht sich auch auf die theoretischen Vorarbeiten, deren Geltung überprüft werden soll.

5. Psychoanalytische Beobachtungsstudien in der Familie

5.1. Planung und Durchführung der Untersuchung

Die Familienbeobachtungen finden innerhalb eines Universitätsseminars im Fachbereich Pädagogik statt. Die Studenten, die in einem fortgeschrittenen Stadium ihres Studiums sind und sich durch die Teilnahme an Seminaren über Psychoanalyse erste Vorkenntnisse erworben haben, haben über die Vermittlung von Dritten Familien angesprochen und um eine Beobachtung in ihrem natürlichen Umfeld gebeten, zu denen keine institutionelle Beziehung und keine persönliche Bekanntschaft bestand.

Die Familien waren demnach der Beobachtung gegenüber unabhängig und hätten sie jederzeit abbrechen können. Aufgrund dieser Unabhängigkeit kann man davon ausgehen, daß die Familie dem Beobachter freiwillig einen Einblick in ihren alltäglichen Umgang gegeben hat.

Es wurden Familien angesprochen, in denen es ein Kind im Alter von 1,5 bis 5 Jahren gab. Die Instruktion an die Familie bestand in dem Wunsch, die Entwicklung des Kindes in seiner familiären Umgebung beobachten zu können, um die Theorie der Entwicklung des Kindes mit praktischer Anschauung ergänzen zu können.

Als Beispiel für die Vermittlung der Instruktion an die Familie gebe ich eine Textstelle aus einem Beobachtungsprotokoll wieder:

Tom schaut mich an und fragt, warum ich eigentlich zu ihnen kommen würde. Ich erkläre ihm, daß ich an der Uni wäre und daß ich dort etwas ganz ähnliches machen würde wie er in der Schule. Ich würde da einen Beruf lernen und zwar etwas ähnliches wie seine Lehrerin oder Tinas Kindergärtnerin. Und da wir das alles aber nur aus Büchern lernen und nie wirklich sehen, wie es mit Kindern ist, wäre ich hier bei ihnen, um mir das auch mal in Wirklichkeit anzuschauen. Der Vater ist während meiner Erklärung ins Zimmer gekommen und lacht, als er hört, worum es geht. Er meint, er hätte das gerne vorher in Büchern nachgelesen, wie es mit Kindern so ist.

Die Familie wurde um eine Beobachtung zu einer Zeit gebeten, in der möglichst alle Mitglieder anwesend sein können. Es finden jeweils 10 Beobachtungen statt. Sie dauern jeweils eine Stunde und finden wöchentlich statt. Die Beobachter sind aufgefordert, während der Beobachtung möglichst abstinent zu bleiben. Auch werden während der Beobachtung keine Notizen gemacht. Dagegen soll das Protokoll möglichst bald nach der Beobachtung geschrieben werden. Bei der Protokollierung der Beobachtung soll möglichst vollständig, ungefiltert und ohne eigene Interpretation alles aufgeschrieben werden, was erinnert werden kann. Auch eigene Gefühle und Eindrücke während der Beobachtung sollen protokolliert werden.

Alle in den Protokollen verwendeten Namen sind selbstverständlich verändert.

Das Protokoll wird im Seminar schriftlich vorgelegt und verlesen. Die Diskussion im Seminar wird auf Tonband aufgenommen. Zusätzlich wird die Seminardiskussion protokolliert.

Es wurden drei Familien parallel beobachtet. Dadurch konnten die Protokolle einer Familie jeweils nur alle drei Wochen vorgetragen werden. Es zeigte sich, daß die Zeit für den Interpretationsprozeß im Rahmen einer intensiven Einzelfallstudie dadurch zu kurz war. Deshalb wurde ein Semester später eine Zweitlesung aller drei Beobachtungen vorgenommen, was zur Vertiefung des Verständnisses sehr hilfreich war. Auch der zeitliche Abstand von mehreren Monaten zur Beobachtung selbst war insbesondere für die Beobachterinnen, aber auch für die anderen Teilnehmer hilfreich für den Interpretationsprozeß.

Zusätzlich wurden mit 2 der 3 Beobachterinnen Nachgespräche geführt, die 9–10 Monate nach der Beobachtung stattfanden.

In diesen Nachgesprächen wurden einzelne, als bedeutsam erscheinende Szenen in den Protokollen aufgegriffen und noch einmal dialogisch verdichtet. Weiterhin wurden Protokollstellen, in denen offensichtliche Brüche oder Sprünge vorlagen, thematisiert. Diese Gespräche sollten dabei helfen, mögliche Verzerrungen im Protokoll durch Abwehridentifikationen der Beobachterinnen aufzuspüren.

Darüber hinaus wurde nach dem allgemeinen Eindruck der Beobachterinnen im Rückblick auf die Familie gefragt. Alle Protokolle blieben im wesentlichen konsistent. Es konnten keine sinnverändernden Korrekturen festgestellt werden.

Die von mir in dieser Arbeit vorgelegten Interpretationen gehen durch den Übergang von der Interaktionsbearbeitung im Seminar zur Textanalyse an den Protokolltexten deutlich über die im Seminar entwickelten Überlegungen hinaus.

– Die Studentengruppe
Die Gruppe hatte während der hier berichteten, ersten Beobachtungen 18 Teilnehmer, dabei waren 15 Frauen und 3 Männer.

Für die Teilnahme im Seminar war eine vorherige persönliche Anmeldung erforderlich.

Nach meiner Schätzung waren die Studenten zwischen ca. 23–40 Jahre alt. Die überwiegende Anzahl war jünger als 30 Jahre.

Bei den älteren Teilnehmerinnen waren einige Erzieherinnen, die sich durch das Studium weiterqualifizieren wollten. Auch einige jüngere Studentinnen arbeiteten aushilfsweise in Kinderläden oder ähnlichen Einrichtungen.

Soweit aus den Gruppendiskussionen durch Randbemerkungen zu erfahren war, waren 5–6 TeilnehmerInnen selbst Eltern.

– Die Seminarleiter
Die Seminarleiter sind, wie erwähnt, ein analytischer Kinder- und Jugendlichenpsychotherapeut (VaKJP) und der Autor, ein Psychoanalytiker (DPV). Beide haben sowohl in Einzelpsychoanalysen wie auch in Gruppen- und Supervisionsarbeit Erfahrung.

Als Seminarleiter waren wir sowohl durch unsere Qualifikation als auch durch unser Alter aus der Gruppe hervorgehoben.

Durch unsere klinische und persönliche Erfahrung konnten wir den Studenten während der Beobachtungen und den Diskussionen im Seminar einen Rahmen gewährleisten, innerhalb dessen sie sich der durchaus verunsichernden Erfahrung einer Familie aussetzen konnten. Die Studenten fühlten sich mehrfach in familiäre Szenen hineingezogen, in denen sie sich nur schwer zu verhalten wußten, die sie in ihrer unbewußten Bedeutung nicht verstanden und die sie in ihrer Intensität verunsicherten.

Durch unser Interesse an den Beobachtungen, unsere methodische Einstellung und die dadurch vermittelte Haltung, die Interaktionen in den Familien zu verstehen (und sie nicht moralisch zu beurteilen) konnten wir den Studenten die nötige Sicherheit geben, um sich auf die Dynamik der Familien einzulassen und sie in ihrer Bedeutung verstehen zu wollen.

Die Vermittlung dieser Sicherheit läßt sich nicht unmittelbar belegen. Sie kommt in der Konsistenz und Konzentration der Protokolle zum Ausdruck, in denen sich keine groben Verzerrungen der Beobachtungen nachweisen lassen. Auch betonten 2 der 3 Beobachterinnen in den Nachgesprächen, wie sehr ihnen die Begleitung des Seminars bei der Aufrechterhaltung ihrer Beobachterposition geholfen hat.

5.2. „Der Turmkäfig" – Die Suche eines 2,5jährigen Mädchens nach der Triangulierung

Die Beobachtung gruppierte sich meist um die 2,5jährige Tochter, während der 8jährige Sohn in der vereinbarten Beobachtungszeit oft unterwegs war, z. B. in einer Jugendgruppe. Zu Beginn der Beobachtung war die Mutter in der Regel mit der Tochter im Haus. Das Kind spielte z. B. mit einem Puzzle oder mit Lego-Bausteinen. Im Verlauf der vereinbarten Zeit kam dann meist der Vater hinzu.

Die Mutter kommentierte seine Abwesenheit oder erwartete eine Nachricht von ihm, wenn das Telefon klingelte. Es entstand der Eindruck, daß er nicht nur wegen der erwünschten Teilnahme an der Beobachtung, sondern auch ganz allgemein von der Mutter erwartet wurde.

Auch die Tochter horchte auf, wenn sie meinte, den Vater an der Eingangstür zu hören, und ging zur Treppe, um ihn zu begrüßen.

Wenn allerdings der Vater dann anwesend war, ließ die Mutter ihn oft mit der Tochter alleine und hielt sich in einem anderen Raum des Hauses auf, so daß die Beobachterin meist an Szenen mit jeweils einem Elternteil teilnehmen konnte.

Zwischen Vater und Tochter kam es immer wieder zu kurzen, heftigen Spielen, wenn er sie z. B. hochhob, so daß sie mit den Fingern die Zimmerdecke berühren konnnte, und sie so im Zimmer herumtrug. Von der Mutter wurde dem Vater das handwerkliche Geschick zugesprochen. Gab es im Haus etwas zu reparieren oder ging es um technische Fragen, so wurde die Tochter deshalb an den Vater verwiesen.

In der Weihnachtszeit hatte der Vater Urlaub und war auch tagsüber zu Hause. Zwei Beobachtungen fanden zunächst draußen im Schnee statt. Hier spielte auch der Sohn mit. Er war aktiver und bei der Auswahl der Spiele – Schlitten fahren, Schneeballschlacht – bestimmender als die Tochter. Dieser wurde es bald kalt und sie wollte nach einiger Zeit wieder ins Haus, um der Beobachterin ein Weihnachtsgeschenk, ein neues Spielzimmer aus Duplo-Steinen, zu zeigen.

Bei einigen Beobachtungen war auch die Großmutter anwesend. Die Tochter freute sich über ihren Besuch und spielte gern mit ihr.

Die Beobachtungen, die ich ausgewählt habe, scheinen mir exemplarisch für diese Familie zu sein. Insbesondere die „Turmkäfig"-Beobachtung stellt in dynamischer Verdichtung eine Interaktion dar, die sich durch den gesamten Prozeß der Beobachtung zog. In den Beobachtungen vor dieser Stunde war die Abwesenheit des Vaters mehrfach Thema gewesen. Auch in dieser Stunde war die Mutter zunächst mit der Tochter alleine, bis nach ca. 30 Minuten der Vater nach Hause kam. Die Beobachtung ist dadurch aufgeteilt in eine Hälfte mit der Mutter und eine mit dem Vater. Die Differenzen in der Interaktion, die Wünsche der Tochter, ihr trianguärer Impuls und die Reaktion der Eltern treten deutlich hervor und geben ein illustratives Beispiel für die Dynamik der frühen Triangulierung.

Die beiden der „Turmkäfig"-Stunde angefügten Szenen ergänzen die dort entwickelte Interpretation. Sie zeigen jeweils eine Interaktion des Vaters und eine der Mutter mit der Tochter. Zusätzlich nimmt die Großmutter an der Szene mit dem Vater teil. Dadurch wird die Interpretation durch zusätzliches Material ergänzt.

5.2.1. Der *trianguläre Impuls*

Die erste Hälfte des Protokolls: Mutter und Tochter.

5. Beobachtung

Heute soll ich eine halbe Stunde später als sonst kommen, da Alexander dann schon zu den Pfadfindern gebracht ist und der Vater dann vielleicht auch da sein könnte.

Als ich klingele, strahlt Sabine und rennt zur Tür (was ich durch die Glastür sehen kann). Sie macht die Tür aber nur einen ganz kleinen Spalt auf, und die Mutter fragt: „Willst Du sie nicht rein lassen?"

Sabine und ich gehen hoch, die Mutter backt unten Plätzchen, wozu sie Sabine auch animieren will. Sabine geht aber mit mir hoch. Beim Hochgehen nimmt sie ein Männerduschgel mit, das auf der Treppe steht und bringt es, nachdem sie mich in ihr Zimmer gebracht hat, ins Bad. Als sie wieder in ihrem Zimmer ist, macht sie die Tür zu, was mir auffällt, da sie bei meinen vorherigen Besuchen immer offen war. Dann räumt sie ihr Zimmer auf, das meiner Ansicht nach auch schon vorher recht ordentlich war.

Jetzt ist alles auf seinem Platz, einem Stofftier bestimmt sie den Platz auf meinem Schoß, sowie einer Babypuppe, die sie mir wie ein Baby auf den Arm legt. Dann legt sie die Puppe in den Kinderwagen schlafen.

Die Mutter kommt hoch und fragt Sabine, was sie denn macht und warum die Tür denn zu sei. Sabine sagt: „Lego." Sie soll doch nach unten kommen und ihr beim Plätzchenbacken helfen. Sabine will aber nicht. Sie komme ja doch noch, sagt die Mutter und geht nach unten. Sabine macht die Tür wieder ganz fest zu, dann holt sie das Lego, stellt es hin und tut es dann wieder weg. Sie setzt sich an ihren kleinen Tisch, um zu malen. Dabei wird sie ganz knatschig und ruft nach der Mama, die hoch kommen soll. Sie ruft aber so leise, daß die Mama sie gar nicht hören kann. Sonst jammert sie nur vor sich hin. Nach einer Weile kann ich es nicht mehr aushalten und sage: „Dann geh' doch runter." Sie geht, ich soll oben bleiben, die Mama soll hoch. Die Mama sagt

110

ihr nochmal, sie soll doch zu ihr in die Küche kommen. Nach ein bißchen Geknatsche sind wir dann alle in der Küche. Frau X. formt Teigrollen für Plätzchen und kommentiert alles in der Wir-Form (also „wir machen"), Sabine steht aber nur daneben und guckt zu. Mir fällt heute die Babysprache wieder als ganz stark auf. Zu den Teigrollen sagt Frau X. immer wieder: „Die Mama macht aber komische Würste." Dann wird Sabine aufgefordert, mir zu erzählen, daß heute der Nikolaus im Turnen war. (Frau X. geht mit Sabine manchmal vormittags turnen.) Ob sie da Angst gehabt hätte, wird sie gefragt. Frau X. erzählt mir, daß Sabine ihr gesagt hat, daß böse Jungen nichts bekommen und daß sie keine Angst hat und daß sie auch etwas bekommen hat, weil sie ja ein liebes Mädchen ist. Frau X. fragt Sabine, warum sie kein Junge ist. Sabine antwortet nicht und das Gespräch bricht an dieser Stelle ab.

Zu Beginn des Protokolls wird eine Zeitverschiebung um eine halbe Stunde erwähnt, die offensichtlich die Familie veranlaßt hat. Die Schwierigkeit, die Familie gemeinsam sehen zu können, soll durch eine Zeitverschiebung gelöst werden. Trotzdem findet die Beobachtung zunächst ohne die beiden männlichen Mitglieder der Familie, also ohne Vater und Sohn statt.

Als die Beobachterin klingelt, wird ihr von der Tochter geöffnet. Diese strahlt und rennt zur Tür, scheint also gewartet zu haben und sich über das Erscheinen der Studentin zu freuen. Zugleich aber öffnet sie die Tür nur einen ganz kleinen Spalt. Sie beginnt ein kleines Spiel zwischen Öffnen und Ausschließen. Es könnte sein, daß sie den Spielraum, den sie an der Tür hat, genießt und damit zugleich auch eine Ambivalenz gegenüber der Beobachtung ausdrückt.

So bedarf es einer Aufforderung der Mutter, die durchaus doppelsinnig formuliert ist: „Willst du sie nicht rein lassen?" Da Sabine beim Klingeln gestrahlt hat, zur Tür gerannt ist und zugleich gezögert hat, kann man annehmen, daß sie einen inneren Konflikt verspürt hat, über dessen Grund sich aus dem Text heraus zunächst nichts aussagen läßt.

Im Text der Beobachterin bleibt die Frage der Mutter unbeantwortet, so als ob Sabine sie ins Leere laufen lassen würde. Der Abschluß der Szene wird übersprungen und es folgt stattdessen ein Handlungsteil: „Sabine und ich gehen hoch."

Dieser Satz ist so selbstverständlich formuliert, daß man annehmen kann, daß es sich um ein aus der bisherigen Beobachtung bereits vertrautes und eingespieltes Muster handelt.

Sabine bildet mit der Beobachterin ein Paar, das schon von der Formulierung im Protokoll her ganz selbstverständlich zu sein scheint. Erst durch den Nachsatz, in dem der Wunsch der Mutter zum Ausdruck kommt, wird klar, daß in der Triade ein Konflikt vorliegt. Die Mutter backt unten im Erdgeschoß Plätzchen und versucht, die Tochter bei sich zu halten. Schon hier liegt die Frage nahe, ob nicht nur Sabine, sondern auch die Mutter auf die Beobachterin gewartet hat. Es scheint, als hätten beide jeweils eigene Erwartungen an die Beobachterin – Sabine sucht sie, um mit ihr in ihrem eigenen Bereich ein Paar zu bilden, während die Mutter eine betont familiäre Szene in der Küche herstellen möchte.

Sabine nimmt den Konflikt in Kauf und entscheidet sich gegen den Wunsch der Mutter.

Wie nebenbei nimmt sie auf dem Weg in ihr Zimmer ein Männerduschgel mit und bringt es ins Bad. Da sie nicht dazu aufgefordert wurde, scheint dieser Handlung Bedeutung zuzukommen. Die Beobachterin versäumt nicht, auf das Geschlecht hinzuweisen: es ist nicht irgendein Gel, sondern es steht in Verbindung mit dem männlichen Geschlecht. Entgegen der Aufforderung der Mutter, mit ihr Plätzchen zu backen, betont Sabine mithilfe des männlichen Symbols die Abgrenzung.

So läßt sich im Auftakt der Beobachtung ein deutlicher Impuls des Mädchens nach Lösung aus der dyadischen Beziehung zur Mutter, mit der sie tagsüber meist zusammen ist, feststellen. Sabine ist auf der Suche nach einem Objekt, das sich deutlich von der Mutter unterscheidet. Der durch das Duschgel symbolisch „nach oben" mitgenommene Vater wie auch die Beobachterin sollen ihr hierbei behilflich sein.

Diese Abgrenzung setzt sich fort, wenn Sabine im Gegensatz zu den bisherigen Beobachtungen die Tür schließt und damit die Mutter betont aus ihrem Raum ausschließt.

Dann räumt sie ihr Zimmer auf, als wollte sie es für die Besucherin schön herrichten. Im eigenen Raum gestaltet sie aktiv eine alternative Dyade, eine harmonische Szene, in der Separation möglich ist und die dadurch in deutlichem Gegensatz zur Intention der Mutter steht. Indem sie der Beobachterin ein Stofftier in den Schoß und eine Babypuppe in den Arm legt, macht sie sie zum mütterlichen Objekt – zur Mutter ihrer Kuschel-Kinder.

Die Szene wird von der Mutter unterbrochen. „Die Mutter kommt hoch und fragt Sabine, was sie denn macht und warum denn die Tür zu sei … Sie soll doch nach unten kommen und ihr beim Plätzchen backen helfen."

Der zuvor bereits angelegte Konflikt zwischen der Separation von Sabine und dem Wunsch der Mutter nach gemeinsamen Backen wird jetzt von der Mutter verschärft. Sie will Sabine, die ausdrücklich von ihr weggegangen ist, zu sich zurückholen. Sie stellt ihr zwei Fragen auf einmal, auf die die Tochter garnicht zusammen antworten könnte. Beide Fragen beziehen sich auf den abgegrenzten Raum der Tochter und stellen die Separation infrage: „Was sie denn macht und warum die Tür zu sei?"

In den so verschränkten Fragen steckt wohl weniger ein Interesse an den Aktivitäten der Tochter als vielmehr ein zunehmend deutlicher werdender Vorwurf. Sabine soll bei ihr in der Küche sein und gemeinsam mit der Mutter die Weihnachtszeit vorbereiten. Die Mutter macht ein Angebot zu einer traditionell weiblichen Identifikation, das die Tochter ausschlägt.

Sabine antwortet: „Lego." Faktisch gesehen ist ihr spärlicher Einwortsatz falsch, weil sie nicht mit den Lego-Bausteinen spielt, so daß sich ihre Antwort nur auf einer symbolisch vermittelten Ebene verstehen läßt. Gegen den mütterlichen Wunsch nach der Gemeinsamkeit in der Küche setzt sie das Spiel mit den Bauklötzen, gegen den weich geformten Teig die geometrischen, klar strukturierten Formen. Mit dem Lego schließt sie symbolisch an das Männerduschgel an, bemüht um eine Abgrenzung gegen die Welt der Mutter durch die Betonung männlicher Elemente. Sie hält der Mutter, die die verschlossene Tür mißachtet, das Lego wie ein Schutzschild entgegen.

Die Mutter gibt ihr Bemühen, die Tochter in die Küche zu holen, nur scheinbar auf und verabschiedet sich mit einer Prophezeiung: „sie komme ja doch noch."

Wenn sie Plätzchen backt und die Beobachterin anwesend ist, kann sie die räumliche Separation ihrer Tochter nicht akzeptieren. Wollte sie vielleicht eine betont weiblich familiäre Szene präsentieren, um die Bedeutung des fehlenden Vaters in den letzten Beobachtungen vergessen zu machen? Oder möchte sie die Beobachterin auch für sich haben und kann sie deshalb nicht der Tochter überlassen? Jedenfalls stellt sie ihren Wunsch nach Gemeinsamkeit in den Vordergrund und kann die anderslautenden Strebungen der Tochter nicht zulassen. Sie wirkt sogar gekränkt und verschärft den Konflikt, indem sie der Tochter voraussagt, daß sie diese Abgrenzung doch nicht aushalten wird und daß sie schon noch kommen werde, wenn die Mutter nur lange genug warte.

In ihrer Reaktion auf die Mutter wirkt Sabine zunächst entschlossen, stark und abgegrenzt zu bleiben. Sie schließt die Tür und holt jetzt das schon angekündigte Lego, das gegen die Welt der Plätzchen helfen soll. Dann aber verebbt ihre Entschiedenheit immer mehr. Allein gelassen, mit der Stimme der Mutter im Raum und ohne die tatkräftige Unterstützung der Fremden, die nur beobachten will, gelingt es ihr doch nicht, bei sich selbst zu bleiben. Vom Lego geht sie zum Malen über, was ihr vielleicht vertrauter ist, aber auch nicht mehr die Abgrenzung gewährleisten kann. Auch hier wird sie von dem Konflikt mit der Mutter bedrängt.

So resigniert sie und fängt an, nach der Mutter zu rufen. Sie ruft aber so leise, daß nur die Beobachterin es hören kann.

Eigentlich ruft sie nicht die Mutter, sondern die Beobachterin als potentiell helfende Dritte: Sie signalisiert, daß sie den Konflikt nicht alleine durchstehen kann. Sie versucht, sie zur Abgrenzung zu benutzen. Sie braucht den äußeren Dritten sowohl als alternative Objektbeziehung wie auch als Identifikationsmöglichkeit, weil die innere Triangulierung noch nicht ausreichend stabilisiert ist. Sie will nicht widerstandslos dem Wunsch der Mutter nachgeben.

Dann wird Sabine zunehmend depressiver und fängt an zu jammern. Auch damit richtet sie sich noch an die Beobachterin. Sie stellt ihren Konflikt interpersonell dar und verlagert ihn zunehmend in die

Beobachterin hinein. Sie bringt die Beobachterin in einen Handlungsdruck, so daß diese schließlich den szenisch dargestellten Konflikt verbal entscheidet. Sie hält den Konflikt nicht mehr aus und reagiert anstelle von Sabine, wohl durchaus genervt, weil sie nicht mehr neutrale Beobachterin bleiben kann: „dann geh doch runter." Es hat sich eine emotional verdichtete Szene entwickelt, in der es dem Mädchen gelungen ist, die Beobachterin durch projektive Identifikation unbewußt in die Szene hineinzuziehen.

Nachdem die Beobachterin sich nicht als starkes drittes Objekt gezeigt hat, schiebt Sabine ihr in der szenischen Darstellung ihre eigene Hilflosigkeit zu und bringt die Beobachterin unter den affektiven Druck, für Sabine eine Entscheidung zu fällen. Indem Sabine nicht selbst entscheidet, läßt sie die Beobachterin die Machtlosigkeit gegenüber dem mütterlichen Objekt verspüren. Es wird ein dyadischer Konflikt inszeniert, der nur durch regressive Unterwerfung gelöst werden kann.

Die Prophezeiung der Mutter ist also wahr geworden. Die Abgrenzung kann nicht durchgehalten werden.

Zwar versucht die Tochter, ihr Gesicht zu wahren und einen kontrollierten Rückzug einzuleiten, aber schließlich sind alle in der Küche, wo die Mutter sie auch haben wollte. Es entsteht eine künstlich anmutende, dyadische Interaktion: Die Mutter spricht in der anheimelnden Form des „wir", das nur scheinbar Gemeinsamkeit stiftet, weil die Tochter nur danebensteht und sich in keiner Weise beteiligt. Sie ist mit ihrer Abgrenzung gescheitert und regrediert zunehmend, indem sie eine Babysprache benutzt, was der Beobachterin deutlich auffällt.

Aber auch die Mutter hat nur scheinbar erreicht, was sie wollte. Die Verweigerung Sabines muß ihr auffallen. Ihre Bemerkung, sie mache mit den Teigrollen komische Würste, wirkt wie eine Selbstentwertung. Die Teigrollen sind nach dem anhaltenden Widerstand von Sabine als Plätzchen nicht mehr oral wertvoll und als Würste wirken sie nurmehr wie analer Abfall. Die Küche ist entwertet.

Die Selbstentwertung der Mutter ist heftig und überraschend. In der aktuellen Szene ist es ihr lediglich mißlungen, ihre Tochter für die weihnachtliche Vorbereitung zu interessieren.

Aber ihr Affekt verweist auf einen umfassenderen Konflikt. Sie scheint es schwer zu ertragen, alleine und gegenüber dem Paar Sabine-Beobachterin ausgeschlossen zu sein. Es ist, als ob sie in der Küche zurückgelassen werden würde und sich dagegen wehren müßte. Zwar kann sie nun ihren Wunsch durchsetzen und die Tochter zu sich holen, aber die Entwertung ist nicht mehr aufzuhalten.

Die Mutter versucht nun, die Plätzchen-Szene zu beenden und mit ihrer Tochter an ein anderes Erlebnis des Tages anzuknüpfen: sie fordert sie auf, vom Nikolaus zu erzählen. Auch hier entsteht der Eindruck, daß die Mutter sich mit der Aufforderung an die Beobachterin wendet. Ist schon das gemeinsame Backen am Widerstand der Tochter gescheitert, so soll wenigstens der Besuch des Nikolaus weihnachtlich einstimmen.

Im Protokoll aber ist keine Antwort von Sabine erwähnt. Sie bleibt bei ihrem anhaltenden Widerstand. Nur die Mutter redet. Sie erzählt, daß Sabine ein Geschenk vom Nikolaus bekommen hat, weil sie ein liebes Mädchen und kein böser Junge ist.

Das Mädchen ist jetzt aber ganz verstimmt und keineswegs lieb. So ist die abschließende Frage der Mutter, warum sie kein Junge sei, einigermaßen irritierend. Sie ist aus der Kränkung heraus zu verstehen, daß sie Sabine als böse erlebt hat, weil sie sich wie ein Junge abgrenzen wollte – der Sohn ist bei den Pfadfindern, der Mann noch bei der Arbeit. Durch diesen Abgrenzungswunsch wird in der Mutter die Enttäuschung über den Wert ihrer Küchenarbeit aktualisiert.

Wie schon bei den gleichzeitig gestellten Fragen im Kinderzimmer überfordert sie auch jetzt die Tochter kognitiv. Mit der Frage sucht sie kein Gespräch mit der Tochter, sondern sie drückt ihre Enttäuschung aus. Folgerichtig bricht das Gespräch ab.

In der Familie gibt es offenbar einen ausgeprägten Konflikt um die Bewertung der Geschlechtsdifferenz.

Alle Beteiligten in dieser ersten Hälfte des Protokolls reagieren ihren Intentionen entsprechend. Für die Fragestellung nach der Entfaltung von Triangulierungsprozessen steht Sabines Aktivität und deren Behinderung im Vordergrund. Die Mutter kann den Wunsch ihrer Tochter, sich einem Dritten zuzuwenden, nicht wohlwollend begleiten, weil sie nicht alleine zurückbleiben will. Deswegen sucht sie eine Harmonie herzustellen, der sich die Tochter zu entziehen versucht. Angesichts des Widerstands der Tochter verfällt sie in eine Selbstentwertung, in die sie auch ihre Tochter einbezieht.

Theoretisch läßt sich an dieser Passage gut darstellen, wie eine Dyade, in der die weich fließenden, unabgegrenzten Elemente betont sind, aufrecht erhalten werden soll. In der Vorstellung der Tochter gibt es aber einen deutlich unterschiedenen Dritten, den sie aktiv sucht. Er ist mit klar strukturierten Formen verbunden, mit der Suche nach der Identifizierung mit Differenz (Benjamin 1992), nach dem Selbst mit Vater (Herzog 1985) und schließlich mit der Orientierung an der Realität in Raum und Zeit.

Die zweite Hälfte des Protokolls: Vater und Tochter.

Schließlich kommt der Vater, wir hören ihn die Haustür aufschließen. Sabine strahlt, will erst losrennen, versteckt sich dann aber halb hinter mir und strahlt mich an. Der Vater kommt rein und begrüßt uns. Sabine sagt: „Lego.“ Die Mutter stellt fest, daß sie immer, wenn sie den Papa sieht, an Lego denkt. Sabine nimmt mich an die Hand, sie will hoch. Der Vater fragt Sabine, ob er mit hoch soll. „Ja“, das soll er. Oben schüttet Sabine die Holzbauklötze aus.

Herr X. wendet sich mir zu und fragt: „Das haben Sie sich sicherlich anders vorgestellt hier?“ Ich verneine, und er fragt, ob ich denn überhaupt etwas damit anfangen könnte, wo er ja fast nie da wäre. Ich sage, daß ich das könnte.

Herr X. baut mit Sabine einen Turmkäfig, ein viereckiges Gebäude, das oben zu ist, und das, wie mir auffällt, keine Türen hat, obwohl ein ähnliches Gebäude, das auf der Schachtel abgebildet ist, Türen hat. In den Käfig setzen sie alle Holztiere (bevor sie ihn oben zu bauen). Herr X. hat ein festes Bild im Kopf, wie der Turm werden soll, und Sabine soll lernen, richtig zu bauen. Er läßt sie immer wieder ganz bestimmte Bauklötze suchen und lobt sie auch, wenn sie etwas gut gefunden oder gebaut hat. Er streicht ihr auch ab und zu über den Kopf. Als sie fertig gebaut haben, legt Herr X. sich auf den Boden, um mit Sabine mit dem fertigen Turm zu spielen.

Mir fällt auf, daß Sabine bei ihrem Vater anders ist. Sie lacht z. B. oft glucksend und auch die Art miteinander zu spielen ist anders, vielleicht kann man es körperbetonter nennen. Die Klötze werfen sie sich z. B. auch gegenseitig in den Schoß, was Sabine großen Spaß macht.

Die Atmosphäre ist für mich ganz anders, wenn nur der Vater da ist. Im Gegensatz zur Mutter teilt er sich mir gar nicht mit, und wenn Sabine mal kurz draußen ist, empfinde ich das als unangenehm, und ich habe auch den Eindruck, der Vater weiß dann nicht, wo er hingucken soll. Auch Sabine wendet sich mir in seiner Anwesenheit nur ganz selten zu.

Sabine will zu dem Turm noch eine Treppe bauen. Der Vater hat aber keine Lust und sagt ihr, sie soll doch eine bauen. Nach einer Weile baut er dann doch eine (perfekte!) Treppe. Sie spielen kurz damit und Sabine soll dann die Restklötze aufräumen, was sie aber nicht macht. Der Vater sagt ihr, wenn sie das weggeräumt hat, können sie noch etwas anderes spielen. Ich habe den Eindruck, Sabine will aber lieber noch weiter spielen, was sie auch einmal sagt. Sie baut einen langen Turm auf den Turm, der aber immer wieder zusammenfällt. Als er steht, wirft der Vater einen Stein auf den Turm, der so oben kaputt geht. Er wirft immer mehr, bis schließlich der ganze Turm kaputt ist und fragt Sabine: „Wer macht sonst immer alles kaputt?" Sabine: „Der Papa." „Nein." „Die Mama." „Nein." „Die Bina." „Genau!"

Dann räumen sie zusammen auf. Sabine will erst nicht. Der Vater schafft es schließlich im Flüsterton, sie zu überreden, daß sie ihm den Eimer gibt, in den die Bauklötze kommen.

Meine Zeit ist um und ich verabschiede mich. Ich sage: „Tschüß" zu Sabine und „Auf Wiedersehen" zu ihm. Er sagt: „Tschüß" und ich muß ans Kleinmachen denken.

Unten verabschiede ich mich noch von der Mutter, die auch gleich mit mir einen neuen Termin ausmacht, und vielleicht hat der Vater ja nächste Woche Urlaub, aber wie das dann immer so ist ...

Der zweite Teil der Beobachtung findet mit dem Vater statt. Sein Auftritt könnte nicht wirkungsvoller sein. Gerade war das Gespräch zwischen Mutter und Tochter, ohnehin belastet und angespannt, ganz zum Erliegen gekommen, da öffnet sich die Tür und der Vater tritt auf.

Wie in der Literatur zur frühen Triangulierung ausgeführt, erscheint der Vater wie der Befreier aus der dyadisch blockierten Szene zwischen Mutter und Tochter, der den Schutz vor der Regression in die Dyade verspricht. Hier könnte das so prominent gewordene Bild vom Ritter in der glänzenden Rüstung seinen Ursprung haben (vgl. Kap. 2.2.).

Sabine reagiert begeistert auf sein Erscheinen. Wie schon zu Beginn der Stunde spielt sie erneut mit der Begrüßung. Sie nimmt ihren ersten Impuls, dem Vater entgegenzulaufen, zurück und läßt sich von ihm auffinden. So hält sie den Kontakt zur Beobachterin und läßt den Vater auf sie zukommen. Sie bleibt bei der Beobachterin und strahlt diese an. Die Beobachterin wird zur unaufdringlichen Dritten gemacht, die Sabines Freude über das Auftauchen des Vaters zulassen kann. Dadurch entsteht erstmals situativ eine Triade, die den dyadischen Kontakt nicht stört, sondern erweitert.

Das entscheidende Stichwort in dieser Szene aber ist „Lego". Mit diesem Ruf begrüßt Sabine ihren Vater. „Lego" erscheint fast wie ein Synonym für „Vater" – es steht für das bedeutungsvolle Andere, das ihn klar von der Mutter unterscheidet.

Die schon zuvor geäußerte Vermutung, daß Lego für den triangulären Kontrast zur regressiven Dyade steht, wird nun bestätigt und bekräftigt. Wenn der Vater endlich angekommen ist, kann sich die Tochter selbstbewußter gegen die Intention der Mutter zur Wehr setzen.

Sabine übernimmt auch wieder die zwischenzeitlich verlorengegangene Initiative. Sie führt die Beobachterin erneut in ihr Zimmer und der Vater scheint intuitiv zu wissen, daß auch er aufgefordert ist, in Sabines Zimmer zu kommen. Ein Triumphzug bewegt sich die Treppe hinauf.

Bevor der Vater mit seiner Tochter spielt und sich dabei beobachten läßt, sucht er das Gespräch mit der ihm fremden Dritten. Vordergründig versucht er, etwas über ihre Vorstellungen zu erfahren. Die Beobachterin geht auf diesen Kontext nicht ein und antwortet auf die Frage des Vaters so neutral wie möglich.

Nachdem der Vater sich der Beobachterin vergewissert hat, findet endlich das lang erwartete Spiel mit dem Vater statt. Die trianguläre Beziehung ist hergestellt: Der Vater spielt mit der Tochter, die Mutter ist außerhalb. Die Beobachterin erscheint nun wie die Dritte, die das libidinöse Spiel zwischen Vater und Tochter durch ihre unauffällige Präsenz unterstützt.

Vater und Tochter bauen einen „Turmkäfig". Zwar ist auf der Schachtel, die die Bauklötze enthält, ein ähnliches Gebäude abgebildet, aber die Beobachterin betont, daß der Turm von Vater und Tochter, abweichend zur Vorlage, keine Fenster und Türen hat. Die beiden werden offenbar von einem eigenen Motiv geleitet. Sie benutzen den Begriff ganz selbstverständlich. Offenbar haben sie den Turm und den Käfig schon in vorherigen Spielen zu einem Wort verdichtet.

In ihrer Konstruktion ist die Trennung von innen und außen betont. Der Zugang, bzw. Ausgang ist nicht möglich. Der umschlossene Raum wird zu einem Gefängnis für Tiere.

Wie schon im ersten Teil der Beobachtung, als Sabine die Tür fest vor der Mutter verschließt, geht es nun im Spiel um das Thema Abgrenzung. Das Thema zieht sich in Variationen durch das ganze Protokoll, angefangen mit der Begrüßung an der Haustür über die fest verschlossene Tür des Kinderzimmers bis zum Turmkäfig.

Während die Mutter sich gegen die Trennung wehrte, stellen Vater und Tochter die Abgrenzung gemeinsam her. Vater und Tochter scheinen in ihrem Wunsch nach Abgrenzung eine Gemeinsamkeit zu finden. Die Tiere werden eingesperrt und damit unter Kontrolle gehalten, weil sie mit triebhaften Anteilen, die sich vielleicht mit dem Mutterbild verknüpfen, symbolisch verbunden sind.

Während sich bei der Tochter weiterhin der Wunsch nach einem alternativen Objekt beobachten läßt, bleiben die Motive des Vaters noch undeutlich. Seine häufige Abwesenheit könnte als ein Indiz für seine Angst vor triebhaften Begegnungen verstanden werden. Der Vater reguliert seinen Kontakt durch die Abwesenheit, aber die Tochter bräuchte seine Anwesenheit für ihre Entwicklung.

Auch die Art und Weise, wie der Vater mit Sabine spielt und den Käfig baut, bestätigt zunächst die dem Vater unterstellte, kontrollierende Tendenz: Sabine soll lernen, richtig zu bauen. Im Spiel wird die pädagogische Seite betont, was in der Beobachtung einseitig als leistungsorientiert empfunden wird. Der Vater fordert ein vorgegebenes Ziel, einen konstruktiven Aufbau, der sicherstellt, daß die Tiere auch wirklich im Käfig eingeschlossen sind. Die Triangulierung nimmt familienspezifische Züge an. So unterscheidet sich der Vater deutlich von der Mutter, die über die Weihnachtsbäckerei Gemeinsamkeit herstellen will. Er gibt klar umrissene Ziele vor, die es zu erreichen gilt. Dann lobt er auch seine Tochter und streicht ihr über den Kopf.

Nachdem der Turm gebaut ist und die Tiere eingeschlossen sind, ändert sich die Atmosphäre des Spiels. Die Kontrolle läßt nach und das Spiel zwischen den beiden wird lustvoll. Der Beobachterin fällt auf, „daß Sabine bei ihrem Vater anders ist". Sie ist nicht „mit" ihm anders, sondern „bei" ihm. Der Vater stellt also einen Rahmen zur Verfügung, innerhalb dessen sich das Spiel entfalten kann.

Im Gegensatz zum künstlichen „wir" der Mutter ist er ein abgegrenztes Objekt, ein Gegenüber, der den lustvollen Kontakt in der gegengeschlechtlichen Differenz und im körperbetonten Spiel ermöglicht. Der libidinöse Charakter des Spiels wird betont, indem sich die beiden die Bauklötze „gegenseitig in den Schoß" werfen.

Im Gegensatz zu diesem zunehmend freier werdenden Spiel steht die Beklemmung, die sowohl der Vater wie auch die Beobachterin empfinden, wenn sie alleine, d. h. ohne das Kind, im Raum sind. Der Vater kann weder verbal noch visuell Kontakt aufnehmen. Mit der ihm unbekannten jungen Frau, die zudem betont neutral bleibt, gelingt es ihm nicht, eine unbefangene Beziehung zu gestalten.

Im Protokoll ist der Kontrast zwischen dem Spiel mit der Tochter und der Befangenheit mit der jungen fremden Frau deutlich spürbar. Die Beobachterin verzichtet im Protokoll an dieser Stelle auf die Schilderung des Handlungsablaufes. Es ist ihr wichtiger, den atmosphärischen Kontrast auch durch die unmittelbare Gegenüberstellung im Text zu verdichten, um einen emotional stark empfundenen Eindruck wiedergeben zu können.

Nachdem Vater und Tochter den Käfig für die Tiere fertiggestellt haben, wird ihr Spiel zunehmend freier und entwickelt sich in libidinöser Hinsicht zu einem Höhepunkt im Protokoll. In dieser Phase hat Sabine kurzzeitig den Raum verlassen. Braucht sie eine Unterbrechung, um die sich steigernde Lust mit dem Vater zu kanalisieren? Kann sie das Spiel nicht mehr so uneingeschränkt genießen, weil sie sich daran erinnert, daß die Mutter doch auch noch im Haus ist? Jedenfalls hat sie die Dyade mit dem Vater unterbrochen. In dieser Pause nimmt der Vater die Beobachterin deutlicher als zuvor wahr. Seine spielerische Lust mit Sabine kann er nicht beibehalten, so daß er schamhaft den Blick senkt. Verdichtet man diese Szene, so hat der Vater zunächst das kleine Mädchen und dann die körperlich ausgewachsene Frau vor sich. Man kann sich fragen, ob er in der Frau unbewußt die ausgewachsene Tochter vor sich sieht, mit der er gerade noch als Kind gespielt hat. Möglicherweise hat er Angst, daß seine eigenen ödipalen Wünsche offensichtlich werden.

Es ist, als ob sich Vater und Tochter bei ihrem Spiel ertappt fühlen. Sie hatten die Mutter doch ein-, bzw. ausgeschlossen. Der Blick der Beobachterin wird für sie zum vorwurfsvoll kontrollierenden Blick der Mutter. Das Spiel ist unterbrochen. Der Ausschluß des Dritten macht Schuldgefühle.

Es entsteht jetzt zunehmend ein Konflikt zwischen Vater und Tochter. Sabine hat den Wunsch, eine Treppe an den Turm zu bauen. Sie möchte die Ausgrenzung lockern, indem sie einen Weg bahnt, der eine Verbindung herstellen kann. So wie die Treppe im Wohnhaus für Sabine sowohl zur Abgrenzung wie auch als Verbindung dient, könnten die Tiere den Käfig über die Treppe auch wieder verlassen.

Der Vater will sich an der Öffnung des Käfigs zunächst nicht beteiligen. Als er dann doch mitspielt, kehrt er wieder zu seiner zwanghaft kontrollierenden Art zurück und baut eine perfekte Treppe.

Das locker lustvolle Spiel ist damit beendet. Der Vater will aufhören, Sabine widersetzt sich dem Abschluß. Sie hat die Abgrenzung nun nicht mehr nötig und wechselt das Thema, indem sie mit großer Mühe und Energie einen „langen Turm" auf den Turmkäfig stellt.

Der Vater erträgt aber diese spontane Geste, die eigene Idee, vielleicht das phallische Aufrichten seiner Tochter nicht. Er zerstört das Bauwerk Sabines in einer merkwürdig unempathisch, beinahe sadistisch erscheinenden Szene, die den bisherigen Verlauf der Vater-Tochter-Interaktion unterbricht und affektiv ins Gegenteil verkehrt.

Er wirft nicht nur Sabines, sondern auch den gemeinsam erbauten Turm um und zerstört damit das Spiel, das sich von der leistungsorientierten Aufgabe zum lustvollen Spiel und wieder zurück entwickelt hat. Es enthielt ein Spektrum der väterlichen Interaktion von der (hier betont rationalistischen) Einübung in die Realitätsanpassung bis zum ödipal anmutenden Spiel unter Ausschluß des Dritten.

Hatte Sabine nur den Zugang zum Käfig öffnen wollen, so zerstört der Vater die ganze Szene. Er löst das Spiel zwischen Vater und Tochter auf, indem er selbst auf das Niveau eines Kindes regrediert. Unbewußt ist er mit Bina identifiziert und entzieht sich damit der Tochter in der Rolle des Vaters.

Was könnte ihn dazu veranlaßt haben? Sind seine Schuldgefühle viel größer als diejenigen seiner Tochter?

Mit seiner inquisitorischen Frage, gegen die sich Sabine zunächst noch tapfer zur Wehr setzt, will er feststellen, daß sie immer alles kaputt macht. Soll die Frage seine Schuldgefühle darüber kaschieren, daß er das Spiel so abrupt abbricht? Oder könnte man die Frage in einem erweiterten Sinn symbolisch so verstehen, daß Sabine durch ihre Anwesenheit, durch ihre Geburt etwas in der Familie kaputt gemacht hat, worunter der Vater leidet?

Es war ein kreativer Akt und ein sichtbares Ergebnis im Spiel zwischen Vater und Tochter entstanden, das angesichts der aufkommenden Schuldgefühle wieder zerstört werden muß. Die Beobachterin ist nun nicht mehr die unaufdringliche Dritte, sondern wird zur Über-Ich-Repräsentantin.

Die Position, in der er mit dem Mädchen im lustvollen Austausch ist, kann nur kurzzeitig genossen werden. Tritt aber mit der Beobachterin eine erwachsene Frau ins Blickfeld und will Sabine das Spiel über seine Vorgabe hinaus erweitern, so muß er es abbrechen und seine Tochter auf Distanz bringen. Damit stört er aktiv die symbolisch kreativen Möglichkeiten seiner Tochter. Hatte zunächst die Mutter begonnen, sich selbst und Sabine mit der Frage, warum sie kein Junge sei, zu entwerten, so setzt der Vater diese Tendenz fort: kleine Mädchen machen immer alles kaputt.

An dem Abschluß der Szene ist auffällig, daß Sabine nicht gegen die Zerstörung durch den Vater protestiert. Nach anfänglichem Widerstand räumt sie sogar die Bauklötze weg. Das Spiel mit dem Vater, auf das sie so sehnsüchtig gewartet hat, ist zu Ende.

Ist der fehlende Protest ein Anzeichen dafür, daß sie an diesen Spielmodus gewöhnt ist und also den Abbruch des Spiels resigniert hinnimmt? In der Art und Weise, wie der Vater sich verabschiedet, verspürt die Beobachterin quasi stellvertretend für Sabine die Entwertung der Frau.

Im Beobachtungsprotokoll ist deutlich zu erkennen, wie Sabine sich von Beginn an trotz anfänglich vorsichtig ambivalent anmutendem Verhalten um eine Beziehung zum jeweiligen Dritten (Beobachterin und Vater) bemüht. Der Entwicklungsimpuls zur Triangulierung wird sichtbar ausgedrückt. Wie aufgezeigt stößt sie damit partiell an emotionale Grenzen elterlicher Möglichkeiten. Mutter und Vater können Sabines Separations- und Kreationswünsche nur zeitweilig aufnehmen und fördern.

Die Eltern scheinen an traditionellen Rollenmustern orientiert, die sich in der Beobachtung so darstellen, daß die Frau zu Hause bleibt und wenig Wertschätzung für ihre Arbeit zeigt. Der Mann wird von der Mutter wie vom Kind erwartet und herbeigesehnt.

Da der Vater aber nicht der ersehnt starke und souveräne Mann ist, kommt die trianguläre Bewegung in ein konflikthaftes Feld. Der Vater kann die Wünsche seiner Tochter nach libidinösem kreativem Spiel nur partiell beantworten und sich von ihr führen lassen. Dann mischen sich in sein Verhalten eigene, unbewußte Impulse ein, die den guten Anfang wieder zerstören. Während die „glucksende" libidinöse Kontaktaufnahme des Mädchens darauf hinweist, daß es eine sowohl lustvolle als auch vertraute Beziehung zum Vater gibt und die frühe, präödipale Triangulierung also durchaus gelungen erscheint, weist der eigenartig destruktive Turmabbruch des Vaters auf Konflikte hin, die das libidinöse Zusammenspiel zwischen Vater und Tochter behindern.

Die Verschränkung zwischen Sabines triangulären Wünschen und den Konflikten der Eltern bestimmte auch die weiteren Protokolle. So wechselten sich Szenen mit „glucksender" Lust zwischen Vater und Tochter mit solchen der Entwertung durch den Vater und der Selbstentwertung durch die Mutter ab.

5.2.2. Die Grenzen der Eltern

6. Beobachtung

Als ich ankomme, sehe ich Herrn X. draußen vor der Tür, er hat wohl irgendwas in die Garage gebracht. Vor der Tür angekommen, sehe ich Herrn X. durch das Küchenfenster am Kühlschrank. Ich klingele, und er macht mir auf. Wir begrüßen uns mit einem „Guten Abend" (ich) und einem „Hallo" (Herr X.) und sagen dann nichts mehr. Ich hänge meine Sachen auf. Sabine kommt und ich begrüße sie. Frau X. kommt mit einem Wischmopp um die Ecke und begrüßt mich. Sie erzählt mir, daß ich heute Glück habe, es sind alle da, sogar noch die Oma (seine Mutter). Die kommt auch gerade runter. Sabine will, daß ich mit ihr hoch gehe. Wir gehen zu viert nach oben, Sabine, Herr X., die Oma und ich. Die Mutter ruft: „Wie die Reise nach Jerusalem!" Ich habe den Eindruck, daß Frau X. heute richtig gute Laune hat, sie wirkt so gelöst.

In Sabines Zimmer steht ein Stuhl für die Oma. Der Vater fragt Sabine: „Und was jetzt?" Schließlich wollen sie ein Puzzle machen, das sie heute schon mal gemacht haben. Sie suchen es.

Frau X. ruft von unten, daß er mal die Klinke reparieren sollte. Seine Reaktion darauf ist, daß er zu Sabine sagt: „Die Mama macht die Tür kaputt." Dann ruft er nach unten, ob sie das Puzzle weggeräumt hätte. Nein, das hat sie nicht.

Schließlich finden sie das Puzzle, es ist ein Benjamin-Blümchen-Puzzle mit großen Teilen. Der Vater erklärt Sabine, daß sie das wieder so machen muß wie vorher, nämlich erst mal die Randteile raussuchen. Sabine findet sie ganz langsam und Herr X. begrüßt jedes Teil. Dann wird der Rand nach Farben zusammengebaut, Puzzleteil für Puzzleteil wird geguckt, welche Farbe es bestimmt und wo ein Puzzleteil in dieser Farbe liegt, das passen könnte.

Zwischendurch streicht die Oma Herrn X. über die Haare. Er guckt zu ihr hoch und dann wieder runter. Sie streicht ihm nochmal über die Haare und sagt, er solle doch noch mal hochgucken. Er tut es und sie streicht ihm über den Bart. Er hat da was.

Herr X. erzählt, daß er sich heute morgen nicht rasiert hat, schließlich hätte er ja Urlaub. Die Oma stellt fest, daß er Sabine dann aber kein Küßchen geben könnte, er würde ja pieksen. Sabine streicht daraufhin ihrem Papa übers Gesicht und sagt: „Papa weich." Sie dreht sich zu mir und sagt: „X. (Name der Beob.) auch weich." Herr X. stellt fest: „Sie hat sich heute morgen gut rasiert." Dann fragt er Sabine, ob sie wüßte, warum ich mich nicht rasieren muß, er sich aber rasieren muß. Sabine kommt zu mir, berührt kurz mein Gesicht: „Ja." Herr X. fragt immer wieder nach dem Unterschied. Sabine sagt irgendetwas zu den Puzzleteilen und die beiden sind wieder beim Puzzeln.

Die Beobachtung schließt zeitlich unmittelbar an das zuvor wiedergegebene Protokoll an. Es zeigt zunächst den Umgang der Erwachsenen miteinander und bestätigt die in der vorherigen Interpretation angenommene Dynamik.

Die Mutter zeigt ihren Wunsch nach Gemeinsamkeit und betont: „es sind alle da." Dann schließt sie sich jedoch freiwillig aus. Der fehlende Stuhl bei der „Reise nach Jerusalem" scheint für sie bestimmt.

Aber kaum hat sich die Gruppe um Sabine gefunden und will mit dem Spiel anfangen, schaltet sich auch die Mutter wieder ein und reklamiert ihren Mann für sich. In der Interaktion des Paares scheint er für handwerkliche Reparaturen zuständig zu sein.

In der kurzen, wie bei der Zerstörung des Turmes merkwürdig anmutenden Interaktion entwertet Herr X. seine Frau. Seine Bemerkung „Die Mama macht die Tür kaputt" schließt an die Zuschreibung im vorherigen Protokoll an, Bina würde immer alles kaputt machen und schafft damit erneut Distanz zu den Frauen.

Von der Mutter läßt er sich zweimal widerspruchslos über die Haare streichen. Hatte er sich der Tochter gegenüber zunächst noch als ein Vater gezeigt, der erneut betont pädagogisch bei der Auswahl der Puzzleteile anleitet, so wirkt er nun zu Füßen der Mutter wie ein kleiner Junge, der ermahnt wird.

Erst die Tochter macht ihn wieder zum Mann, indem sie entschieden gegenüber der Großmutter betont, daß die Haut des Vaters, auch wenn er unrasiert ist, weich genug sei, um ihm einen Kuß geben zu können. Auch bezieht sie nun die Beobachterin in die Weichheit ein. Gegen die Ausgrenzung der Großmutter wehrt sie sich.

Der Vater thematisiert nun sehr unmittelbar den Geschlechtsunterschied. Mit seiner mehrfach geäußerten Frage nach dem Rasieren scheint er die Tochter kognitiv zu überfordern. Er deutet damit erneut an, daß der Geschlechtsunterschied ein für ihn wichtiges Thema ist und daß er eine klare und betonte Abgrenzung braucht. Angesichts der fehlenden Distanz zu seiner eigenen Mutter wird dieser Wunsch nach Abgrenzung verständlicher.

9. Beobachtung

Auf mein Klingeln macht Sabine mir die Tür auf. In der Küche sind Holzpuzzleteile auf dem Boden verteilt. Die Mutter räumt sie in eine Box und sagt Sabine, daß sie „die Giraffe" mit hoch nehmen soll.

Wir gehen nach oben. Die Mutter will erst noch in Alexanders Zimmer etwas erledigen. Ich gehe mit Sabine in ihr Zimmer. Dort setzt sich Sabine vor das Puzzle und sagt immer wieder: „nee kann" in jammrigem Tonfall. Nach einer Weile sagt die Mutter, daß sie ihr ja gleich helfen werde. Sabine jammert weiter: „nee kann, nee kann ..." Schließlich ruft sie nach der Mama und kriecht Richtung Alexanders Zimmer. Die Mama soll kommen. Die Mutter kommt, um mit Sabine zu puzzlen. Das sieht so aus, daß die Mutter wieder alles mit „wir" kommentiert, aber alleine puzzelt. Das Puzzle ist eine Giraffe aus Holz mit verschiedenfarbigen Puzzleteilen, auf denen das ABC gedruckt ist. Die Buchstaben müssen der Reihenfolge nach von links nach rechts gelegt werden. Frau X. legt die Puzzleteile und kommentiert ihr Puzzeln damit, daß sie nach dem nächsten Buchstaben Ausschau hält. Sie erzählt mir, daß das Puzzle für Kinder ab 4 Jahren ist, daß sich Sabine das bei ihrem Bruder geholt hat und daß sie es nicht alleine kann.

Frau X. hat das Prinzip des Puzzle aber nicht durchschaut, sie bekommt die Giraffe nicht hin. Sie sagt, das wäre aber eine komische Giraffe, die Sabine lieber mit der Oma machen soll, denn von der ist das Puzzle auch und die wüßte ja dann, wie es geht.

Beim Puzzeln bricht ein Puzzleteil, als Frau X. versucht, zwei falsch zusammengesteckte Teile zu trennen. Sie sagt, daß das der Papa kleben muß, mit Ponal. Sie legt es erst mal nebenhin. Nach einer Weile bringt Sabine mir das kaputte Puzzleteil. Ich nehme es in die Hand, drücke die zwei Teile zusammen und gebe es ihr zurück. In ihrer Hand fällt das Puzzleteil natürlich wieder auseinander. Sie sagt: „X. (Name der Beob.) auch net kann."

Die Szene stellt einen dramatischen Tiefpunkt innerhalb der Beobachtung dar. Mutter und Tochter scheinen in ihren Fähigkeiten ganz entwertet.

Schon zu Beginn der Beobachtung klagt Sabine über ihre Unfähigkeit, das Puzzle des großen Bruders zusammenzusetzen: „nee kann". Die Mutter will ihr zwar helfen, scheitert aber ebenfalls. Es scheint, als sei sie selbst, mit dem kleinen Kind den ganzen Tag im Haus, in der Regression gefangen und würde damit vorübergehend ihre Fähigkeiten verlieren. Die Entwertung dehnt sich für Sabine schließlich aus, denn auch die Beobachterin klebt ihr nicht das zerbrochene Teil zusammen. Die Klage „nee kann" scheint für alle Frauen zu gelten. Aus dem triangulären Impuls ist in dieser Szene eine depressive Resignation geworden. Bei dem Versuch, das familiäre Puzzle zusammenzufügen, zerbrechen einzelne Teile. Den Frauen gelingt es nicht und die Männer entziehen sich.

In der Familie zieht sich, soweit in den Protokollen zu sehen ist, eine scharfe Trennungslinie zwischen Männern und Frauen, an deren Herstellung alle Mitglieder mitwirken. Vater und Sohn können Puzzle spielen und handwerkern, aber sie sind meistens außer Haus. Ihre Fähigkeiten werden dadurch um so wertvoller. Die Frauen dagegen wirken unfähig und allein zurückgelassen.

Zwar läßt sich im Verlauf der gesamten Beobachtung der trianguläre Wunsch der Tochter besonders anschaulich beobachten, aber er stößt auch immer wieder auf die Grenzen der Eltern. Die Rollenaufteilung zwischen Mutter und Vater, zwischen weiblich und männlich, ist scharf und abgrenzend gezogen.

Im Mittelpunkt einer gelungenen Triangulierung aber steht die Möglichkeit des Kindes, sich im Spiegel von Vater und Mutter als

Paar zu sehen. Das Protokoll vermerkt aber kein konstruktives Zusammenwirken der Eltern. Sie zeigen sich nicht als ein Paar, das das Mädchen in positiver Identifikation verinnerlichen könnte. Die Familie scheint in Dyaden aufgeteilt, in denen der Dritte nicht genügend gut positiv besetzt ist. Durch die fehlende Integration des Dritten leiden auch die Paarbildungen. Einzig in den Szenen mit der Beobachterin können Paare entstehen, die wenigstens eine Zeit lang den Dritten aufnehmen und dadurch einen kreativen Kontakt erlauben. Weil in den verschiedenen Paarbildungen zwischen Eltern und Kind der libidinöse und aggressive Kontakt so schwierig ist, muß er an äußeren Abgrenzungen wie den Türen oder dem Käfig vorgenommen werden.

Trotz dieser Behinderungen der Entfaltung der Entwicklungsimpulse der Tochter ist das Protokoll ein Beleg für die progressiv aktive Suche des Kindes nach dem Heterologen, dem Fremden, dem nicht mit der Mutter Identischen. Das Mädchen drückt den Wunsch nach etwas Hartem, nach etwas klar Abgegrenztem, nach etwas Profiliertem aus. Der fremde Dritte und schließlich der leibliche Vater wird zum bedeutungsvollen Anderen, mit dem die äußere Welt erforscht und die innere Welt strukturiert werden soll. Das Begehren nach der Beziehung mit dem nicht-mütterlichen Dritten wird am klarsten durch den Wunsch des Mädchens nach „Lego" dargestellt. Die kantige, klare Welt des Lego steht symbolisch für die Welt des männlichen Dritten, in das die Tochter Einlaß begehrt. Die väterliche Lego-Welt steht im Kontrast zur oralen, weich knetbaren Welt des „Teigs" der Mutter. Die mütterliche „Teigwelt" und die väterliche „Legowelt" sind die Pole, zwischen denen sich das Mädchen hin und her bewegt. Im Entwicklungsprozeß geht es darum, einen psychischen Innenraum zu bilden, in dem es potentiell möglich ist, die mütterliche und die väterliche Seite miteinander zu verbinden. Die Möglichkeit, das „sowohl als auch" zu erleben und schließlich zu verinnerlichen, verweist auf eine gelungene Triangulierung. In dem Protokoll stellt sich die Welt des Mädchens eher konflikthaft im Spannungsfeld eines dyadischen „Entweder-Oder" dar.

Das Mädchen hat eine Repräsentanz von Selbst mit Mutter und eine Repräsentanz von Selbst mit Vater verinnerlicht. Ob es schließlich zu einer gelungenen Triangulierung durch die Verbindung herstellende Verinnerlichung einer genügend guten Repräsentanz von Selbst und Elternpaar kommt, wird wesentlich von der Qualität der Beziehung von Vater und Mutter mitbestimmt.

5.3. Die Fremdheit in der Triade und ihre Inszenierung – ein 9jähriger Junge und sein Vater

Die Eltern in der hier beobachteten Familie versuchten, von Beginn an die Beobachterin wie eine freundschaftlich Vertraute in den familiären Ablauf einzubeziehen. Schon bei der ersten Begrüßung schlugen sie wie selbstverständlich vor, sich zu duzen. Sie beteiligten die Beobachterin an ihren aktuellen Gesprächen über den Tagesablauf und fragten sie auch nach ihrer Meinung. So erfuhr die Beobachterin bald von den schulischen Problemen des 9jährigen Sohnes, während die 5jährige Tochter thematisch eher im Hintergrund blieb.

Schon am Ende der ersten Stunde sagte die Mutter zu der Beobachterin, sie könne doch ruhig noch bleiben, sie hätten sich gerade an sie gewöhnt.

Auch im weiteren Verlauf der Beobachtung spielte die Frage nach den Hausaufgaben des Sohnes, seine angebliche Faulheit und die Gedanken der Eltern darüber eine große Rolle. Weitere Themen waren die Verbote, Süßigkeiten zu naschen, Comic-Hefte zu kaufen oder Video zu schauen, wenn die Kinder Übertretungen begangen hatten.

Wenn die Eltern sich mit diesen Themen an die Beobachterin wendeten, war damit oft eine Frage an sie über ihre Meinung oder eine Rechtfertigung über ein Verbot enthalten.

Solche Gespräche wurden meist durch den Wunsch, Videofilme für Kinder anzuschauen, unterbrochen. Insbesondere die Tochter wollte Video sehen. Die ganze Familie saß dann längere Zeit vor dem Bildschirm. Manchmal sagte der Vater allerdings auch, ob man nicht das Video ausschalten oder den Ton leiser drehen könnte.

Dieser Modus der Familie, Video zu schauen, einzelne alltägliche Themen anzusprechen oder sich mit den Hausaufgaben des Sohnes zu beschäftigen, erstreckte sich relativ gleichförmig über nahezu die gesamte Beobachtung. Erst in der 9. Stunde konnte die Beobachterin ein gemeinsames Gesellschaftsspiel der Familie notieren, das allerdings in einer angespannten Atmosphäre endete (s. u.). Neben dem Versuch der Eltern, die Beobachterin in ihr Gespräch einzubeziehen, war es insbesondere der Sohn, der in nahezu jeder Stunde sich der Beobachterin zu nähern suchte, indem er ihr z. B. etwas zu trinken anbot. Die Tochter dagegen schien die Beobachterin nur am Rande wahrzunehmen.

Ich stelle im wesentlichen das Protokoll der ersten Beobachtung vor. In dieser Begegnung ist die Struktur der Familie in einer verdichteten Form dargestellt, was die Beobachterin auch durch die Reflexion ihrer eigenen Gefühle angesichts des szenischen Angebots der Familie einfühlsam wiedergeben kann. Alle angedeuteten Themen – die betonte Gemeinsamkeit und Nähe, die Hausaufgabenprobleme und der Umgang damit, der Videokonsum – sind bereits vorhanden und lassen sich anschaulich aus dem Text ableiten.

5.3.1. Die erste Beobachtung

5.3.1.1. Der Auftakt

Frau X. steht schon auf dem Treppenabsatz vor ihrer Wohnungstür und begrüßt mich. Sie sagt, daß sie, wie schon bei dem Telefonat angekündigt, gerade beim Abendessen sitzen. Ihre Einladung zum Mitessen lehne ich ab und meine, daß ich mich gerne dazusetzen würde. Sie führt mich durch den Flur in das Wohn- und Eßzimmer, in dem die ganze Familie sitzt. (...)
Ich gebe dem Vater über den Tisch hinweg die Hand und stelle mich mit Vor- und Nachnahmen vor. Herr X. stellt sich mir mit seinem Vornamen vor. Die beiden Kinder geben mir auch die Hand und sagen mir ihre Namen: Tom und Tina.
Ich setze mich auf einen Stuhl. Tina und der Vater sitzen mir gegenüber auf der Bank und Tom links neben mir auf der anderen Seite der Bank. (...) Die Mutter kommt auch wieder dazu, ich

nehme ein von ihr mir angebotenes Glas Wasser an. Sie setzt sich kurz dazu und beginnt dann aber, das Geschirr in die Küche zu tragen. Tom ist mit dem Essen noch nicht ganz fertig und der Vater, der auch noch etwas in die Küche trägt, sagt ihm, daß er seine Sachen nachher selbst in die Küche tragen soll.

Tina verläßt ebenfalls das Zimmer und ich bin mit Tom alleine. Er lacht mich offen an und sagt, es sei ja gar nicht mehr viel Geschirr und stapelt dabei imaginiertes Geschirr auf seinen Armen. Ich lache zurück und meine, daß das wahrscheinlich schon mit einmal laufen hinhaut.

Die Mutter und Tina kommen zurück und setzen sich auf die Bank. Die Mutter fragt mich, was ich genau studiere. Ich erkläre es ihr kurz. Die Mutter, die wohl die Vorstellungsrunde nicht mitbekommen hat, stellt mir nochmal die Kinder vor, und meint, daß wir uns ja alle duzen können. Tina steht auf, holt eine Videokassette und fragt, ob sie die gucken darf. Die Mutter erklärt ihr, daß das jetzt nicht geht, weil Tom doch Fernsehverbot hat und meint, daß sie das lieber alle zusammen schauen wollen. Sie wendet sich mir zu und sagt, daß Tom Fernsehverbot habe, weil er in der Schule etwas angestellt hat. Er muß wohl irgendwelche Texte ein paar Mal abschreiben. Tom drückt sich während diesem Gespräch um uns herum und verläßt dann das Zimmer, um diese Strafarbeit weiter zu schreiben. Der Vater kommt wieder ins Zimmer zurück und setzt sich auf die Couch. Die Mutter sagt zu mir, daß sie sich (...) jetzt schon ein wenig anders verhalten würden, wenn ich anwesend wäre und daß diese Situation für sie komisch wäre. Ich erkläre ihnen, daß das uns auch klar wäre und versuche, ihnen das Ganze nochmal ein bißchen zu erklären. Der Vater fragt an einigen Punkten nach. Die Mutter setzt sich dann zum Vater auf das Sofa. Der Vater blättert in der Fernsehzeitschrift.

Zwischen den beiden entsteht ein Gespräch über Toms Strafarbeit und seine Schulprobleme. Die Mutter meint irgendwann zu mir, daß Tom auch eine Therapie machen würde. Er wäre bei einer sozialen Lernhilfe. Der Vater fragt sich, ob das überhaupt eine Therapie sei. Die Mutter ist der Ansicht, daß es schon eine Art Therapie ist und fragt mich, wie ich das einschätze. Ich antworte ihr, daß ich das schlecht beurteilen könne. Daraufhin erklärt mir der Vater, daß es bei Tom gar nicht um normale Nachhilfe gehen würde, da seine Leistungen nicht schlecht wären, er aber starke Probleme mit den anderen Kindern hätte. Er möchte nicht mit ihnen reden oder spielen. Die Mutter steht irgendwann wieder auf und verläßt das Zimmer. Da ich mit dem Rücken zur Tür sitze, kann ich nicht genau überblicken, was sie macht. Der Vater liest in der Zeitschrift.

Die Familie zeigt sich zu Beginn der Beobachtung beim gemeinsamen Abendessen. Die Beobachterin wird erwartet. Frau X. bezieht sich auf den ersten telefonischen Kontakt mit ihr und lädt sie zum Abendessen ein.

Bei dieser Art des Auftakts ließe sich für einen uninformierten Leser kaum der Anlaß für den Besuch erahnen. Es könnte sich auch um eine Freundin der Familie handeln, die gerade zu Besuch kommt. Es kommt aber eine fremde junge Frau mit einer bisher nur abstrakt definierten Rolle. Frau X. versucht offenbar, die Fremdheit zu überspielen.

Dieses erste, privat gehaltene Beziehungsangebot lehnt die Beobachterin aufgrund ihrer Rolle ab. Ihre Ablehnung schwächt sie dadurch ab, daß sie sich in den familiären Kreis setzt, ihre Beobachterposition also innerhalb der Familie bestimmt.

Im folgenden Text wird deutlich, daß die Mutter die Beobachterin auf dem Weg in das Eßzimmer zu der restlichen Familie, also in einer für sie noch fremden Situation, allein gelassen hat. Nach der vorherigen, scheinbar vertraulichen Einladung zum Essen wirkt dies wie ein kleiner, aber doch unvermittelter Kontrast.

Aber auch in der weiteren Familie scheint die Beobachterin in einem vertraulichen Milieu zu sein (obwohl sie zuvor nur telefonisch Kontakt hatte). Der Vater überspringt die Fremdheit, indem er sich, ohne die Beobachterin zuvor um ihr Einverständnis zu fragen, mit seinem Vornamen vorstellt. Ein zweites Mal wird versucht, eine scheinbare Vertrautheit sehr schnell herzustellen, so daß sich möglicherweise schon in dieser ersten Szene ein familiärer Stil andeutet.

Das betont harmonische Bild bleibt nicht lange bestehen. Sollte die Beobachterin zunächst noch am gemeinsamen Abendessen teilnehmen, so stellt sich heraus, daß die Familie eigentlich schon mit dem Essen fertig ist. Die Runde am Eßtisch ist schon aufgelöst, kaum daß die Beobachterin sich gesetzt hat. Eine erste, zuvor in der Beobachterin geweckte Erwartung könnte getäuscht worden sein. Sie wird erwartet und sogleich allein gelassen. Aber nicht nur sie, sondern auch der Sohn Tom bleibt zurück. Er ist mit dem Essen noch nicht fertig. Beide lachen sich an und Tom tröstet sich damit, daß nicht mehr viel Geschirr zum Abräumen übrig bleibt. Die beiden Alleingelassenen beginnen sich miteinander zu verständigen.

Die Dynamik des Auftakts ist durch den aktiven Versuch der Eltern gekennzeichnet, eine scheinbar vertraute Atmosphäre herzustellen. Zugleich fällt aber auf, wie schnell Einzelne aus dem familiären Zusammenhalt herausfallen können.

Nachdem das schmutzige Geschirr abgetragen ist, kann erstmals die Fremdheit thematisiert werden. Dabei übergeht die Mutter den schon begonnenen Kontakt zwischen ihrem Mann und der Beobachterin und tut so, als beginne jetzt erst die Beobachtung, indem sie an das Gespräch an der Wohnungstür anknüpft und die Kinder vorstellt. Stellt sie sich als die eigentlich Handelnde in der Familie vor? Auch die Mutter sucht sogleich das vertrauliche „Du". Sie äußert den zuvor schon latent spürbaren Wunsch, es sollten „alle zusammen" sein.

Inhaltlich geht es um das Video. Die Tochter Tina versucht, die Fremde zu negieren und den offenbar gewohnten familiären Ablauf herbeizuführen. So erfährt die Beobachterin schon nach wenigen Minuten, daß zu der Tageszeit, zu der die Beobachtung stattfindet, die ganze Familie in der Regel Videokassetten mit Trickfilmen anschauen würde. Aber die familiäre Gemeinsamkeit scheitert bereits zum zweiten Mal an dem Sohn.

Die Szene pendelt zwischen dem Versuch, eine gemeinsame, vertraute Situation herzustellen und der Thematisierung der fremden Beobachtungssituation durch die Mutter, an der sich schließlich auch der Vater beteiligt. Sie schließt vorläufig mit der Beobachtung ab, daß der

Vater in der Fernsehzeitschrift blättert, nachdem sich die Mutter zu ihm gesetzt hat.

Sieht man den ersten Teil des Textes im Gesamtverlauf, so gelingt es der Beobachterin kaum, einen intentional nachvollziehbaren Ablauf der Handlung darzustellen. Die Szenen haben keinen Anfang und kein Ende. Sie gehen ineinander über. Die Bewegungen der Familienmitglieder wirken für Außenstehende unübersichtlich. Offensichtlich ist die Beobachterin in eine dichte und komplexe Szene gekommen, in der sie sich noch kaum orientieren kann.

Einzig der Wunsch der Mutter, es sollten „lieber alle zusammen" fernsehen, ist benannt. Er wird aber durch das Fernsehverbot des Sohnes zunächst unmöglich gemacht.

Der Vater dagegen bleibt nach seiner Begrüßung am Rande des Geschehens. Einen möglichen zweiten Versuch der Frau nach Gemeinsamkeit, mit ihrem Mann auf der Couch zu sitzen, beantwortet er mit der Zeitschriftenlektüre. So kann sich die Familie zu Beginn der Beobachtung weder gemeinsam zeigen noch kann das Paar sich aufeinander beziehen. Es gibt weder eine aufeinander bezogene dyadische noch eine triadische Interaktion. Nur Tom und die Beobachterin konnten sich kurz und in einer Außenseiterposition miteinander verständigen.

Als die Eltern sich schließlich zu einem Gespräch über Toms Schulprobleme finden, beziehen sie sofort den Dritten, die Beobachterin, ein.

Tom wird als Problemkind präsentiert. Die Mutter sagt, er würde „auch eine Therapie machen". Es ist vom Protokoll her unklar, worauf sich das „auch" bezieht. Es könnte sich auf andere Maßnahmen – wie die Strafarbeit – beziehen, als einen weiteren Versuch, um Toms Schulproblemen zu begegnen. Es könnte sich auch auf andere Personen, die eine Therapie machen, beziehen, z. B. auf die Eltern.

Durch die offen gebliebene Anspielung zieht die Mutter die Beobachterin in eine diffus unklare Szene hinein, die diese durch ihr Protokoll an den Leser weitergibt.

Im Gespräch entsteht zwischen den Eltern ein Konflikt um Toms Therapie. Es stellt sich heraus, daß es sich um eine soziale Lernhilfe handelt, die von der Mutter als Therapie eingeschätzt wird, vom Vater dagegen nicht. Die Mutter spricht in diesem Konflikt die Beobachterin unmittelbar an und versucht, sie zur Schiedsrichterin zu machen. Ihre scheinbar sachliche Frage – schließlich studiert die Beobachterin Pädagogik – enthält möglicherweise einen ersten Hinweis darauf, wie die Mutter mit Konflikten umgeht: durch den Einbezug von Dritten, die einen Dissens der Eltern entscheiden sollen. Der Dritte müßte Partei ergreifen und damit die Triade zur Dyade hin auflösen, indem er in diesem Fall den Mann ausschließt. Die Dyade hätte die Funktion, die Triade durch Ausschluß zu vermeiden.

Die Beobachterin bleibt abstinent und muß erneut einen Versuch der Mutter zur Gemeinsamkeit zurückweisen. Dadurch kann der Vater seine Sichtweise entfalten, daß es bei Tom nicht um Leistungs-, sondern um Beziehungsprobleme geht und zwar um einen Rückzug von anderen Kindern. Der Vater erklärt Tom für therapiebedürftig und kritisiert die Lernhilfe als unzureichend.

An dieser Stelle wird das Gespräch nicht mehr fortgesetzt. Die Mutter verläßt das Zimmer und der Vater beginnt, in einer Zeitschrift zu lesen. Offensichtlich ist ein Konflikt zwischen dem Paar angesprochen. Es wird nun deutlicher, weshalb sich zu Beginn der Beobachtung die Harmonie, die alle gemeinsam umfassen sollte, nicht einstellen wollte. Es gibt ein Problem um Tom und einen ungelösten Konflikt der Eltern darüber. Das stört die Harmonie.

Hat die Mutter von sich aus die Lernhilfe in die Wege geleitet und hat sich der Vater nicht beteiligt, wenn er sie jetzt kritisiert?

Könnte das Motiv der Eltern, an der Beobachtung teilzunehmen, mit diesem Konflikt in Verbindung stehen? Sucht die Mutter auf diesem Weg Unterstützung für ihre Haltung? Und könnte die schnelle, die Fremdheit überspringende Haltung der Eltern ein Hinweis auf schwierige Triangulierungsprozesse in dem Sinne sein, daß eine abgegrenzte Haltung, auch eine Differenz, schwer ertragen werden kann?

5.3.1.2. Das Video

Nachdem die Auseinandersetzung der Eltern ergebnislos zu Ende gegangen ist, wird das Protokoll folgendermaßen fortgeführt:

Die Mutter kommt zurück und setzt sich mit Tina zu mir an den Tisch. Tina erzählt von ihrem Kindergarten und holt ein von ihr gemaltes Bild, welches sie der Mama unbedingt zeigen möchte. Während sie vor dem Tisch steht und das Bild zeigt, kommt der Vater, der zwischendrin das Zimmer verlassen hatte, zu uns dazu und Tina gibt ihm auch einen Zettel. Die drei lachen, weil es sich wohl um einen Brief handelt, den die Mutter für Tina an den Vater schreiben mußte und den Tina selber in den Briefkasten geworfen hat. Tina geht an einen Schrank und möchte sich Süßigkeiten holen. Die Mutter fragt sich selbst und auch Tina, ob sie nicht Süßigkeitenverbot hat. Sie weiß es nicht mehr und der Vater auch nicht. Darüber amüsieren die beiden sich. Tina ißt die Süßigkeiten und verläßt wieder das Zimmer.

Die Mutter sagt zu mir, daß sie sich schon wundern würde, warum Tina nicht Fernsehschauen wollte, denn das würde sie oft und gerne tun. Eigentlich würden sie (die Familie) normalerweise jetzt auch Fernsehen. Ich erkläre, daß sie sich um mich gar nicht kümmern sollen und einfach das tun sollen, was sie immer tun.

Die Eltern sitzen wieder zusammen auf der Couch und Tina möchte nun doch Fernseh gucken. Sie schauen Trickfilme. Die Eltern unterhalten sich über einen Vorfall bei der Arbeit und die letzten Tage, an denen die Mutter nicht zu Hause war (…). Die Mutter erzählt, daß Tina sich bei ihr beschwert habe, daß sie sich alleine anziehen mußte. Der Vater meint, daß er davon ausgegangen wäre, daß Tina das schon könnte und sie hätte es auch, ohne etwas zu sagen, alleine gemacht. Tina wäre ja auch schon alt genug. Die Mutter meint, daß das stimmen würde, aber sie selbst (die Mutter) müßte das wohl noch lernen. Tina sitzt völlig gebannt vor dem Fernseher und achtet auf nichts anderes.

Ich komme mir irgendwie merkwürdig vor und frage mich, ob die Beobachtung nicht völlig falsch läuft. Die Einladung, mich mit auf die Couch zu setzen, lehne ich ab.

Die Eltern lachen über die etwas schwachsinnigen Trickfilme und meinen, daß sie sich das immer angucken müßten. Sie versuchen, mich ein bißchen in das Gespräch miteinzubeziehen. Ich ertappe mich dabei, daß ich mich in Momenten, in denen lange nichts geredet wird, völlig auf die Handlung des Filmes konzentriere und gar nicht mehr wahrnehme, wo ich eigentlich gerade bin. Tom ist nach kurzer Zeit wohl fertig und kommt wieder ins Wohnzimmer. Er holt sich eine Flasche Fanta, setzt sich wieder auf die Bank links neben mich und fragt mich, ob ich auch noch Durst habe. Ich verneine und sage, daß ich noch mein Wasser habe. Vor uns auf dem Tisch steht ein Schale mit Studentenfutter. Er nimmt sich davon und meint auf seine ruhige Art lächelnd zu mir, wie gut die doch schmecken. Die Mutter fragt Tom, wie es denn im Theater war. Er hat sich mit der Schulklasse ein Theaterstück angeschaut. (…)

Der Charakter des Textes ändert sich, als Tina mit den Eltern alleine ist. Anders als mit Tom scheint es mit Tina keine Probleme zu geben. Sie nimmt zu beiden Eltern unbefangen Kontakt auf. Sie gestaltet die Szene öffentlich und so weiß auch die Mutter, was sie dem Vater geschrieben hat. Es entsteht eine Triade, in der alle Beteiligten aufeinander bezogen sind.

Die Eltern lassen sich von Tina verführen und lösen eine selbstgesetzte Grenze wieder auf. Das Süßigkeitenverbot wird wenig konsequent gehandhabt. Anders als Toms Strafarbeit, die von außen her, von der Schule, aufgegeben wurde und auch dort kontrolliert wird, wird das innerfamiliäre Verbot schnell wieder aufgelöst.

Das Video wurde von der Mutter initiiert. Redet die Mutter zunächst noch von Tina, die fernsehen wollte, so ist sie schon im nächsten Satz bei der Ausdehnung des Wunsches auf die ganze Familie, wobei sie Tom erneut ausgrenzt. Offensichtlich gibt es ein stärkeres Motiv, das zum Video drängt. Auch die Fremdheit der Beobachterin wird rasch überwunden. Vor dem Video bleibt die Triade zwar zusammen, bekommt aber eine andere Gestalt.

Durch ihre Initiative gibt die Mutter zu erkennen, daß sie selbst es ist, die fernsehen will. Angesichts des vorausgegangenen Konflikts liegt der Gedanke nahe, daß das Fernsehen für sie – und vielleicht für die ganze Familie? – eine Abwehrfunktion hat. Hat sie bei dem Gespräch über Tom verärgert über den Konflikt mit ihrem Mann oder über die Beobachterin, die sie nicht unterstützt hat, den Raum verlassen? Dann wäre das Video ein Rückzug in eine konfliktfreie Sphäre und ein erneuter Versuch, die Familie harmonisch zu vereinen. Die Harmonie gelingt aber nur um den Preis einer massiven Regression. Zwar versuchen die Eltern während des Video zunächst noch, einen realitätsbezogenen Kontakt aufrecht zu erhalten. Dabei zeigt sich, daß sie sich bei Differenzen im Umgang mit Tina besser abstimmen können als bei dem Problem über Tom. Der Vater führt (beim Ankleiden) einen abgegrenzteren Umgang mit der Tochter ein, den die Mutter auch akzeptiert.

Trotzdem löst sich die Differenzierung mehr und mehr auf. Vor dem Video verschwimmen die Altersgrenzen. Es ist, als hätte die Beobachterin drei Kinder vor sich.

Sie reagiert auf diesen Anblick irritiert und befremdet. Eine solche Szene hatte sie nicht erwartet. Sie formuliert im Protokoll erstmals manifest ihre Gegenübertragung. Sie kommt sich merkwürdig vor und registriert einen grundsätzlichen Zweifel, den sie auf sich selbst und ihre Rolle als Beobachterin bezieht.

Etwas kommt ihr „völlig falsch" vor. Die Familie trifft sich gegen Abend zu Hause, spricht kurz zwei Probleme an, die sich in den letzten Tagen ereignet haben, hat noch durch die erstmals anwesende Beobachterin eine zusätzlich neue Situation und landet einvernehmlich vor den für die Beobachterin „schwachsinnigen Trickfilmen".

In ihrer Unsicherheit fragt sich die Beobachterin, ob nicht an der Beobachtung etwas „völlig falsch läuft" und bringt diesen Zweifel mit ihrer eigenen Anwesenheit in der Familie in Verbindung. Aber sie protokolliert, was sie sieht und was sie dazu empfindet. Die Familie zeigt sich ihr in dieser Art und Weise. So drückt der grundsätzliche Zweifel wohl eher ein Befremden über die Szene aus, mit der sie konfrontiert ist. Angesichts der zuvor sichtbar gewordenen Differenzen könnte man die Frage stellen, ob nicht in der Familie etwas „völlig falsch" läuft, was durch die Pseudoharmonie vor dem Video gezeigt und zugleich verdeckt werden soll.

Die Beobachterin spürt, daß sie durch die Einladung auf die Couch in eine Szene hineingezogen werden soll, die ihr zu intim und zu regressiv erscheint. Schon zum dritten Mal weist sie einen Wunsch zurück, indem sie sich gegen die Einladung, in die Videorunde einbezogen zu werden, wehrt. Trotzdem verliert sie auch in der Distanz als Beobachterin das Gefühl für Raum und Zeit und wird derartig in den Prozeß hineingezogen, daß sie vorübergehend nicht mehr weiß, „wo ich eigentlich gerade bin". In ihrer teilnehmenden Beobachtung wehrt sie sich zwar dagegen, in die Dynamik einbezogen zu werden, aber der Sog, nirgendwo anders hinzuschauen und an nichts anderes zu denken, ist doch so stark, daß sie auch bei sich selbst die regressiv grenzauflösende Dynamik spürt.[14]

Vor dem Video löst sich die Differenzierung auf. Damit verschwinden auch scheinbar die Probleme der Eltern, die sich in der Einschätzung von Tom angedeutet hatten. Allerdings ist Tom weiterhin ausgeschlossen. Er sitzt noch an seiner Strafarbeit. Zwar wollte die Familie zunächst auf ihn Rücksicht nehmen und nicht fernsehen, aber das Bedürfnis war doch so stark, daß sich der Verzicht nicht durchhalten ließ.

So läßt sich die Familie nur kurzfristig durch die Fremdheit der Beobachtung irritieren. Jetzt scheint die Beobachterin assimiliert. Die Familie zeigt sich mit diffus gehaltenen Generationsgrenzen, die sowohl vom Vater mit seinem scheinbar selbstverständlichen „Du" wie auch von der Mutter aufgeweicht werden, wenn sie Tina indirekt zum Fernsehen stimuliert. Die Mutter schiebt die Kinder wie zur Rechtfertigung ihrer Lust am Video vor, wenn sie meint, „daß sie sich das immer angucken müßten".

Der Auftritt von Tom beeindruckt durch den Kontrast zu der vor dem Video verschmelzenden Familie. Er sucht das Gespräch mit der noch unbekannten jungen Frau. Auch wenn er nur das Getränk und das Studentenfutter anbietet, gestaltet er die Szene doch wie einen Flirt. Er spricht die Beobachterin wie ein kleiner Kavalier an, der sich bevorzugt um sie kümmert, die Studentin mit dem Studentenfutter animiert, indem er es ihr durch seine Bemerkung schmackhaft zu machen sucht. Wäre nicht aus den Vorinformationen das Alter der beiden bekannt, so könnte man bei dieser kurzen Sequenz meinen,

---

[14] Dieser Effekt, die familiäre Dynamik bei sich selbst spüren zu können und sich selbst dadurch zum Erkenntnisinstrument zu machen, ist nur in einer Beobachtung möglich, die sich so offen und berührbar hält und sich nicht durch strukturierende Methoden den Zugang versperrt.

daß die beiden etwa gleichalt sind. Erst die Bemerkung der Mutter, die ihn nach dem Kindertheater fragt, rückt die Verhältnisse wieder zurecht.

So könnte man sich in dieser ersten Beobachtung fragen, ob Tom einen Wunsch nach Verschmelzung in der Familie stört oder ob sich die Familie regressiv vor einem Problem zurückzieht. Da schon betont wurde, daß Toms Probleme nicht im Leistungs-, sondern im Verhaltensbereich liegen würden, liegt als eine erste Überlegung die Frage nahe, ob sie mit dem Wunsch, sich einer Frau libidinös zu nähern, und mit Problemen der Eltern, mit diesem Wunsch adäquat umzugehen, in Zusammenhang stehen. Die Triade wäre dann von einem ödipalen Konflikt bedroht, der regressiv abgewehrt werden soll.

5.3.2. Die Dynamik zwischen Vater und Sohn

In den folgenden Beobachtungen notiert die Beobachterin mehrfach Szenen, in denen sich der Vater in einer ihr übertrieben erscheinenden Art über die Faulheit des Sohnes aufregt. Die während der ersten Beobachtung geäußerte Einschätzung des Vaters, der Sohn habe Probleme im Umgang mit anderen Kindern, hat sich in einen direkt formulierten Vorwurf über die Erledigung der Hausaufgaben verändert. Es gibt deutlich beobachtbare Probleme des Vaters mit dem Sohn.

Dadurch entsteht eine zunehmende Anspannung. Der Vater kontrolliert die Hausaufgaben, kritisiert den Sohn in seinem Ärger mehrfach heftig und muß die Kritik dann wieder zurücknehmen. Die Beobachterin ist irritiert und befremdet über diese Haltung und es entsteht bei ihr der Eindruck, daß der Vater der Situation „ein wenig hilflos gegenübersteht".

Der Sohn dagegen sucht den Kontakt zu der Beobachterin und entzieht sich dadurch immer wieder der Kontrolle des Vaters.

Offenbar kann der Vater dem Sohn nicht unterstützend beim Lernen helfen. Er zeigt ihm sein Mißtrauen und scheint ihn klein zu machen. Die Dyade, die zwischen Vater und Sohn entsteht, ist von übertrieben wirkender Kritik geprägt. Dabei bleibt offen, was den Vater zu dieser Kritik motiviert. Ist es ein ödipales Thema, von dem er sich gefährdet fühlt? Oder sieht er eine Verbindung zwischen Toms Faulheit und dem Videokonsum seiner Frau, die ihn zur Kritik veranlaßt? Die Beobachtungssituation ist dann zunehmend von Toms Hinwendung zur Beobachterin geprägt.

Es ist, als ob Tom die Kontrolle des Vaters über sich ergehen ließe, aber innerlich doch eher mit der Beobachterin beschäftigt ist und die Beziehung zu ihr sucht. Zunächst lacht er die Beobachterin an, dann spricht er sie auch aktiv an. In der Situation zu dritt sucht der Sohn unter Vermeidung des Leistungsthemas eine Paarbildung, die den Vater an den Rand drängt. Während die Beobachterin den Vater als kontrollierend, kritisierend und Verwirrung stiftend, schildert sie den Sohn als aufgeweckt.

Dabei gelingt es Tom, die Initiative zu übernehmen. Die Szene stellt sich wie eine klassisch ödipale Triade dar, in der der Sohn das mütterliche Objekt, hier repräsentiert von der Beobachterin, begehrt und der Vater ihm das begehrte Objekt verbieten will, indem er ihn in seine Grenzen zu weisen sucht. Da die Mutter in den bisher beobachtbaren Szenen nicht auf seine Verführung eingegangen ist, sucht Tom die Aufmerksamkeit der Beobachterin. Weder scheint die Mutter als libidinöses Objekt für den Sohn ansprechbar zu sein, noch kann der Vater die Impulse seines Sohnes aufnehmen und ihm identifikatorische Angebote machen. In der Pseudoharmonie der Eltern scheint Entwicklung bedrohlich zu sein.

Die These einer nicht bewältigten ödipalen Dynamik könnte die beobachtete Szene verständlich machen, aber die Irritation und Anspannung der Beobachterin bleibt bestehen.

Schließlich hat die Beobachterin die im Text ganz unvermittelt auftauchende Idee, daß Herr X. vielleicht gar nicht der leibliche Vater Toms ist:

Ich merke auf einmal, daß Tom seinen Vater mit dem Vornamen anredet, und mir kommt die Idee, daß Herr X. vielleicht gar nicht Toms leiblicher Vater ist.

Für diesen Gedanken gab es weder entsprechende Vorinformationen, noch wird er im weiteren Verlauf wieder aufgegriffen. Nimmt man ihn als eine Assoziation zur Szene, so hat sich in der Beobachterin eine Idee verdichtet, mit der sie ihre anhaltende Irritation über die Distanz, die sie zwischen Vater und Sohn wahrnimmt und die für sie vom Vater ausgeht, auf den Begriff zu bringen sucht.

Die Beobachterin versuchte, sich einen Reim auf sein Verhalten zu machen. Sie ist vorwiegend mit dem Vater und dessen Umgang mit Tom beschäftigt, also mit einer umgekehrt ödipalen Szene, in der der Vater den Sohn nicht wachsen lassen kann. Sie fragt sich, ob der Vater etwas Fremdes, abgelehnt Drittes auf Distanz halten muß.

Mit dieser Idee ebbt ihre im Protokolltext vermittelte Anspannung ab. Zugleich ist es dem Sohn mehr und mehr gelungen, sich von der Kontrolle des Vaters zu befreien und, ähnlich wie schon in der ersten Beobachtung, bietet er der Beobachterin ein Getränk an und versucht, darüber mit ihr ins Gespräch zu kommen.

Auch in den folgenden Beobachtungen sucht der Sohn den Kontakt mit der Beobachterin. Allerdings nahm die in den ersten Beobachtungen vermittelte emotionale Anspannung zunächst deutlich ab. Die Familie schien sich mehr und mehr vor das Video zurückzuziehen, so daß die Beobachterin mehrere Stunden als langweilig empfand.

Erst gegen Ende der Beobachtung zeigte sie sich wieder offener. Bei einem Mensch-ärgere-dich-nicht-Spiel notiert die Beobachterin:

Tom und der Vater ärgern sich gegenseitig und Tom wird immer lauter und ausgelassener, bis der Vater ihn ziemlich anmacht, er hätte ihm es doch schon mal gesagt, er solle nicht völlig ausrasten. Es ist eine ziemlich angespannte Situation. Tom sagt gar nichts dazu und das Spiel geht weiter. Die Mutter reagiert gar nicht auf die Situation.

Der Sohn gewinnt dann zwar das Spiel, kann sich aber über den Sieg nicht mehr freuen.

Die Aggression wird sogar manifest, denn die Beobachterin erfährt, daß der Sohn in der Schule nach einer Ermahnung voller Wut eine Glastür so fest zugeschlagen hat, daß das Glas zerbrochen ist. Die Szene steht in scharfem Gegensatz zu der vertraulich-intimen Atmosphäre, die die Eltern zu Beginn der Beobachtung herzustellen suchten.

Von der Beobachterin dagegen verabschiedet sich der Sohn wehmütig. In der Dyade findet er die Akzeptanz, die ihm ansonsten wohl fehlt.

Es sei an dieser Stelle angemerkt, daß die Fantasie der Beobachterin, der Vater sei nicht der leibliche Vater, einige Monate nach Abschluß der Beobachtung zufällig extern bestätigt wurde. Diese methodisch nicht vorgesehene Information machte die Distanz und die Fremdheit, die die Beobachterin als vorherrschende Stimmung verspürt hatte, verständlicher.[15] Die Beobachterin hatte also alleine aufgrund ihrer Gegenübertragung richtig verstanden. Sie hatte in der Interaktion etwas gespürt, was nicht gesagt werden durfte.

Die Familie hat ein Geheimnis zu verbergen versucht und es trotzdem dargestellt. Sie hat der Beobachtung zugestimmt und zugleich versucht, einen die Familie konstituierenden Zusammenhang nach außen hin zu verbergen.

Auch nachdem die Beobachterin das Geheimnis szenisch verstanden hat, bleiben doch Fragen wie etwa: Warum will Herr X. verheimlichen, daß er nicht der leibliche Vater ist? Welche Beziehung besteht zu dem leiblichen Vater? Wie wird das Thema zwischen Herrn X. und seiner Frau behandelt?

Es ist nicht schwer, sich vorzustellen, daß nicht nur das Ehepaar, sondern auch die Kinder – bewußt oder unbewußt – mit diesem Thema beschäftigt sind. Einerseits sind sie an das Sprachverbot der Eltern gebunden, das vermutlich nicht nur der Beobachterin gegenüber gilt, andererseits leiden sie an einem wahrscheinlich unausgesprochenen, aber ständig vorhandenen Thema.

Tina scheint weitgehend in die Abwehr der Eltern eingebunden zu sein. Kann sie vor dem Video sprachlos bleiben? Die Beobachterin

---

[15] Eine solche Realinformation stellt natürlich in einem nicht-klinischen Zusammenhang ein methodisches und auch ein ethisches Problem dar. Das unbewußte Verständnis der Beobachterin bekam eine methodisch nicht geplante Bestätigung, über die sie sich im dialogischen Kontakt mit der Familie nicht verständigen kann.
Andererseits hätte sich auch ohne die Realinformation an dieser Stelle des Protokolls durch die nicht zu übersehende Distanz zwischen Vater und Sohn das Thema der Fremdheit konstitutiv ergeben.

war mehrfach irritiert, weil Tina sie anfangs nicht grüßte und weitgehend ignorierte. Erst gegen Ende der Beobachtung nahm Tina die Beobachterin deutlicher zur Kenntnis, ohne aber einen eigenen Kontakt zu ihr zu suchen.

Tom dagegen suchte von Anfang an eine Beziehung. Dabei war auffällig, wie er gestisch intensiv auf die Beobachterin zuging, indem er sie z. B. fast zu jeder Stunde an der Haustür abholte, zur Wohnung begleitete, Bemerkungen über das Wetter machte, sich unter dem Couchtisch versteckte und finden ließ oder sie „von hinten auf die Schultern" faßte, um sie zu erschrecken. Sein verbaler Kontakt blieb dagegen im Protokoll auf wenige Bemerkungen über Essen und Getränke beschränkt, also vergleichsweise gehemmt.

Ob er nicht über das sprechen kann, was ihn doch so sehr beschäftigt, nämlich über die Beziehung zu dem Stiefvater und die zu seinem leiblichen Vater?

Auch führt die Symptomatik des Jungen im Kontext der Stieffamilie zu weiteren Überlegungen. Wenn er auch in der Schule nicht weiß, wie er über seinen Vater und den zweiten Mann der Mutter sprechen kann, so kann eine Denkhemmung und eine Störung in der sprachlichen Verständigung entstehen, die zu dem geschilderten Rückzug führt. Tom wird dann unter den anderen Kindern tendenziell zum Ausgeschlossenen und wiederholt damit eine in der familiären Interaktion zu beobachtende Erfahrung.

Offenbar kann die Mutter ihm nicht aus der Sprachlosigkeit helfen. Es ließen sich keine spezifischen Szenen zwischen Mutter und Sohn beobachten. Fühlt sie sich zu sehr an ihre Beziehung zu Toms Vater erinnert, wenn sie anerkennen würde, daß Tom Probleme mit dem Wechsel der männlichen Bezugsperson und den damit verbundenen Umständen hat? Jedenfalls scheint sie schon in der ersten Beobachtung vor dem Video eine Pseudoharmonie herzustellen.

Die Familiengeschichte ist tabuisiert. Die Fremdheit soll in der zusammengefügten Familie nicht thematisiert werden. Auf Fremdheit wird mit Ausgrenzung reagiert. Diese Erfahrung konnte die Beobachterin schon in der Begrüßungsszene machen und wenig später im Umgang der Familie mit Tom sehen. Es gelingt dem Ehepaar kaum, die in der Stieffamilie vorhandene Differenz aufzunehmen und zu einer neuen Einheit zu integrieren. Dadurch bleibt der dyadische und der triadische Kontakt unflexibel und angespannt.

Durch die übergroße Nähe, die die Familie herzustellen sucht, sollen die Vorbehalte gegenüber dem Fremden überdeckt werden. Das Fremde ist aber nicht die Beobachtung, sondern die Zeugung von Tom, die Beziehung der Mutter mit dem Vater von Tom. In seiner Person ist es personalisiert.

Herr X. versucht zwar, Gemeinsamkeiten zwischen Tom und sich zu entdecken, indem er sich erinnert, daß er als Kind genauso faul in der Schule wie Tom war. Er sucht auch Verständnis für ihn, wo die Mutter nur Leistungsprobleme sehen will. Aber er kann seine Ansätze nicht durchhalten, so daß sich kaum eine alternative Beziehung zur Mutter entwickeln kann.

Er kritisiert und unterdrückt Tom in einer Weise, die über dessen Probleme mit den Hausaufgaben hinausgehen. Seine übertriebene Kritik wird vermutlich aus anderen Quellen gespeist. Man könnte sich fragen, ob er an Tom indirekt das Leben seiner Frau in der Zeit, als er selbst noch nicht in der Familie war, kritisiert.

Herr X. versucht, eine väterliche Rolle zu entwickeln und zeigt seine Schwierigkeiten damit. Er schwankt zwischen Anteilnahme und einer übertrieben wirkenden pädagogischen Haltung.

Dadurch steht er für eine triadische Entwicklung vermutlich nur bedingt zur Verfügung. Er ist zu wenig ein emotional zu besetzender Dritter, auf den Tom sich beziehen kann.

So sucht Tom außerhalb der Familie dyadische Beziehungen, die er in der Lernhilfe und bei der Beobachterin findet. Es gelingt den Eltern nur schwer, eine neue Familie zu konstituieren und dabei das biographisch Fremde zu integrieren. Die Triangulierung ist schwierig, weil ein Geheimnis nicht ausgesprochen werden darf.

Die hier untersuchte Familie scheint in ihrer Grundstruktur einer Stieffamilie zu entsprechen, die als Normalfamilie erscheinen will und in einer Studie von Napp-Peters (1995) über Scheidungsfamilien so beschrieben wurde:

„sie wollen nach außen hin als möglichst normale Familie erscheinen, es soll also gar nicht bekannt werden, daß die Familie einem anderen Muster als dem traditionellen Familienmuster folgt. Dieser

Anspruch gilt nicht nur nach außen, sondern auch nach innen; die Familienmitglieder stehen unter der Anforderung, keine Fremdheitsgefühle aufkommen zu lassen, sondern so zu tun, als gäbe es keine Unterschiede in der emotionalen Nähe der Familienmitglieder. Der Anspruch ist, daß die Familie möglichst rasch zusammenwächst ... Die Probleme, die sich aus diesem Normalisierungsdruck für die Kinder ergeben, sind beträchtlich" (zit. n. Küchenhoff 1998, S. 179).

Die Ergebnisse von Napp-Peters weisen generell darauf hin, „daß es doch relativ wenigen Eltern gelingt, zum Wohle des gemeinsamen Kindes nach einer Scheidung tatsächlich zu kooperieren" (a. a. O., S. 181). Sie belegen nachdrücklich, wie schwer es einem Paar fällt, sich von den mit dem Kinderwunsch verbundenen Vorstellungen und unbewußten Fantasien zu lösen und mit neuen Partnern ähnlich intensive Beziehungen einzugehen. Diese bewußte und unbewußte Bindung gilt für die Eltern wie auch für das Kind, das biologisch und psychisch das konservative Bild von Vater-Mutter-Kind in sich trägt. Deshalb weist Wolff darauf hin, daß der exklusive Status der leiblichen Eltern nun gerade darin besteht, „daß diese auf immer und ewig – sozusagen unkündbar und über Trennung und sogar Tod hinweg – Vater und Mutter bleiben" (1998, S. 3) und dementsprechend emotional besetzt sind.

Die Versuche einiger Psychoanalytiker, mit vorwiegend sozialwissenschaftlich geprägten Argumenten die Bedeutung des leiblichen Vaters für die Entwicklung des Kindes zu nivellieren, übergehen diese Ebene. Ley (1998) kritisiert die patriarchale Autorität und bietet die horizontale Ebene in der Beziehung zwischen Eltern und Kind als Sozialisationsmodell an, das sie nach dem Vorbild geschwisterlicher Beziehungen verstehen will; sie negiert dabei die Verantwortlichkeit und Abhängigkeit, die für Eltern-Kind-Beziehungen konstitutiv sind. Rauchfleisch (1998) sieht die Unabhängigkeit von Kindern alleinerziehender Mütter als Vorteil, ohne aber die Bedeutung des fehlenden Vaters und die unbewußte Verarbeitung des Fehlens für die Entwicklung des Kindes zu akzeptieren.

In der klinischen Arbeit dagegen wie auch in der detaillierten Beobachtung wird deutlich, wie der Wunsch nach der Zusammengehörigkeit der leiblichen Eltern und des Kindes die Beziehungsgestaltung prägt und in einer neu zusammengesetzten Stieffamilie bearbeitet werden muß, damit unbewußte Bindungen gelockert werden können und neue Entwicklungen möglich werden.

Unter den erschwerenden Bedingungen der neu zusammengesetzten Familie tritt das Thema der Fremdheit wie unter einem Vergrößerungsglas hervor. Schon in der Miniatur der ersten Szene ist die Dynamik zwischen scheinbarer Vertrautheit vor dem Video und Ausgrenzung angelegt. Die Fremdheit kann nicht ausreichend besetzt werden. Das Fremde an Herrn X. führt nur in Ansätzen zu einer neugierig-lustvollen Spannung. Fremdheit ist ein generelles Thema der Triade. Sie ist Belastung und Chance zugleich. Die Triangulierung öffnet die Chance, Beziehungen libidinös und aggressiv zu differenzieren und dabei verschiedene Perspektiven einzunehmen. Dies setzt die Anerkennung der Fremdheit voraus. Allerdings stellt sie auch eine Belastung dar, wenn der Dritte zu unlustvoll besetzt ist. Damit sie produktiv genutzt werden kann, ist eine dyadische Sicherheit, auf die auch in Belastungen zurückgegriffen werden kann, hilfreich. Auf diese Dynamik zwischen Dyade und Triade verweist die Beobachtung eindrücklich.

5.4. Die ödipale Suche eines 9jährigen Mädchens

Die Beobachterin trifft auf eine sechsköpfige Familie, in der neben den Eltern eine 9jährige, eine 6jährige und eine 4jährige Tochter sowie ein gerade 2jähriger Sohn sind.

Zu Beginn der Beobachtung wird eine beinbetonte, leicht behindernde Halbseitenlähmung der Mutter erwähnt. Diese Behinderung spielt in den Protokollen zunächst keine Rolle. Im Gegenteil schildert die Beobachterin eine lebendige und vielfältig aufeinander bezogene Familie, die sich gegen Abend trifft, als der Vater von der Arbeit nach Hause kommt: das Ehepaar redet miteinander über das Tagesgeschehen, der kleine Sohn schmust an der Schulter des Vaters, die Mädchen suchen nach einem ersten Zögern das Spiel mit der noch fremden, jungen Beobachterin.

Auch in der weiteren Beobachtung bleibt diese Struktur erhalten. Die Familie ist lebhaft mit sich beschäftigt und aufeinander bezogen. Die Eltern tauschen sich über ihre Erlebnisse im Verlauf des Tages aus. Die älteren Mädchen zeigen sich mit ihren jeweiligen Vorlieben oder spielen kleine Übungsstücke auf ihren Musikinstrumenten vor. Die kleinere Schwester malt mit ihren Buntstiften und der Sohn sucht jemanden, der mit ihm spielt. Schon schnell schien die Beobachterin von den Eltern akzeptiert. Von den Töchtern war sie heftig umworben: die älteren wollten mit ihr spielen, die jüngste und der Sohn suchten intensiven Körperkontakt, hängten sich an sie und wollten sie am Ende der Stunde nicht mehr gehen lassen.

Mehrfach traf die Beobachterin die Familie beim Abendessen an, das meist von den Eltern kooperativ zubereitet wurde. Dann ging es manchmal lautstark zu, wenn einzelne Kinder sich in den Vordergrund spielen wollten. Meist gelang es der Familie, diese Versuche mit einer gewissen Gelassenheit zu tolerieren.

Aus den Protokollen habe ich zunächst mehrere kurze Passagen ausgewählt, die die Atmosphäre nachvollziehbar machen sollen. In einer Stunde allerdings gibt es eine emotional verdichtete Szene, die prägnant einen Teil der Dynamik der Familie wiederzugeben scheint, weshalb ich diese Szene in den Mittelpunkt meiner Interpretation gestellt habe.

5.4.1. Ein ideal wirkender Vater

In der bereits angedeuteten lebendigen familiären Atmosphäre war die Beobachterin insbesondere von dem Vater beeindruckt, der für sie ganz im Mittelpunkt stand. Er schien ihr allgegenwärtig und omnipotent zu sein. Er ist berufstätig, kümmert sich um die Kinder und hilft seiner Frau im Haushalt. Er wickelt den Sohn, hängt im Keller die Wäsche auf und geht abends noch zu einer Veranstaltung einer sozial engagierten Gruppe.

In der Seminargruppe war ein ungläubiges Staunen, daß es einen so idealen Mann geben soll, zumal die Beobachterin auf Nachfragen versicherte, daß ihr die familiäre Situation ganz natürlich und keineswegs gespielt vorkam.

Mit einer literarisch anmutenden Formulierung suchte sie ihn zu charakterisieren:

> In der Küche kocht die Mutter die Milch ab, beim Umschütten der Milch von der Kanne in den Topf verschüttet sie etwas Milch. Der Vater greift zum Lappen und wischt den Herd. Ich bin überrascht über die Ruhe und Selbstverständlichkeit, die dieser Mann ausstrahlt.

Nur fast beiläufig zeigten sich dann doch, insbesondere bei den Kindern, konfliktbesetzte Themen. Denn obwohl die Familie sicher eine für Eltern und Kinder gute und produktive Atmosphäre geschaffen hat, blieb, wie in den anderen Familien auch, die Frage wichtig, wie sie mit Konflikten umgehen würde. Gerade dieser Umgang spielt – aus psychoanalytischer Sicht – für die psychische Gesundheit der Beteiligten eine große Rolle, während die hier angedeutete Idealisierung auch dazu dienen kann, schwer erträgliche aggressive Impulse zum Verschwinden zu bringen. Die Beobachterin notiert von der 9jährigen Tochter Frederike:

> Inzwischen hat sich Frederike dazugesellt, sie sitzt auf dem Tisch und knüpft an einem Armbändchen. Die Mutter bittet sie aus der Küche rufend darum, mal an Paul zu riechen, ob er die Windel voll hat. Frederike ist der Meinung, daß ihr Bruder stinkt. Die Mutter sagt, daß sie erst die Milch fertig abkochen muß, da sie sonst anbrennt und sie dann Paul wickelt. Frederike fragt, ob das nicht der Papa machen kann. Der ist aber gerade unten, kommt aber in dem Moment wieder hoch und nimmt Paul zum Wickeln mit ein anderes Zimmer. (...) Aus dem Zimmer, in dem der Vater mit Paul verschwunden ist, kommt die Mitteilung, daß in der Windel gar nichts ist. Es entsteht ein Gespräch mit Frederike über ihr „falsches" Riechen, die meint, daß Pampers und Babyöl stinkt.

Bei genauerer Beobachtung scheint die Mutter die Annäherung der Tochter an die Beobachterin zu unterbrechen, indem sie sie auffordert, an Pauls Windeln zu riechen. Sie holt damit die Beobachtung in die gesamte Familie zurück und unterbricht die Tochter auch beim Knüpfen ihres Armbandes, indem sie ihr vermittelt, daß jetzt elementarere Dinge als der Schmuck wichtig sind, nämlich die Versorgung mit Milch und das Saubermachen des Kleinkindes.

Erstmals mischen sich kritischere Töne in den familialen Umgangsstil. Frederike sagt, daß ihr Bruder stinkt. Es stellt sich heraus, daß es der Kleinkindgeruch ist, der ihr stinkt. Möglicherweise drückt sie damit auch aus, daß ihr der Bruder im übertragenen Sinn stinkt, daß sie seine Anwesenheit angesichts zweier Schwestern für ganz überflüssig hält und daß sie sich dadurch ein weiteres Mal zurückgesetzt fühlt?

Sie schlägt vor, daß der Vater den Sohn wickeln soll, wenn schon die Mutter gerade keine Zeit hat. Frederike wirkte schon bei der Begrüßung in der Familie sehr abgegrenzt. Da schmuste der Vater mit dem Sohn. Jetzt sucht sie das Paar Vater–Sohn erneut, aber dieses Mal mit einer anderen Tätigkeit, zusammen zu bringen. Soll doch der Vater, so könnte sie sagen, auch den Dreck wegmachen, wenn er seinen Sohn schon so sehr liebt und sie noch an den Windeln riechen muß, anstatt ihr Armband knüpfen zu können.

Frederike ist es schließlich auch, die die Beobachterin auffordert, mit ihr Ball zu spielen. Sie meint, daß „nur rumsitzen und gucken langweilig ist". Als die Beobachterin ablehnt und daher das Mädchen frustriert, gelingt es ihr schließlich, den Vater zum Spielen zu gewinnen:

Der Vater kommt hinzu und soll mit Ballspielen. Frederike erklärt ihm die Regeln des Spiels „verliebt, verlobt, verheiratet". Sie spielen und der Vater zeigt Frederike, wie sie Lena den Ball zuwerfen soll, damit sie eine Chance hat, ihn überhaupt zu fangen. Lena scheidet dennoch bald aus, was der Vater bedauert. Vater und Frederike spielen weiter und haben scheinbar unheimlich viel Spaß sich auszutricksen. Als ihr Spiel fertig ist, ist meine Zeit auch schon um. Wir machen einen neuen Termin aus und ich verabschiede mich.

In dem Spiel zwischen Vater und Tochter ist sowohl die ödipal-lustvolle Komponente wie auch die motorische Bewegung betont. Beide Elemente verweisen auf die zwar im Hintergund anwesende, im Spiel aber fehlende Mutter.

In der Schilderung der Familie ist die Behinderung der Mutter scheinbar nicht vorhanden. Es ist im Text eine eigenartige Diskrepanz, daß die Beobachterin die Behinderung zunächst in ihrer Schilderung an den Anfang stellt und sie dann im weiteren Protokoll nicht mehr erwähnt. Der Leser muß sie sich als etwas sichtbar Unsichtbares hinzudenken und bleibt dabei auf seine Fantasien über Art und Ausmaß der Behinderung angewiesen. Der erste Eindruck von der Familie, daß sie gut aufeinander eingespielt ist, läßt sich zu dem Gedanken ausdehnen, daß sie gut die Behinderung der Mutter zu integrieren weiß.

Durch das Wissen um die Behinderung bekommen allerdings die Handlungen des Vaters, die ihn als so erstaunlich ideal erscheinen lassen, zusätzliche Bedeutung. Man wird dann darauf aufmerksam, daß der Vater viele Handlungen übernimmt, die einen größeren Bewegungsablauf erfordern, wie Milch abwischen, Paul wickeln, Wäsche im Keller aufhängen. Er ist motorisch besonders präsent.

So stellt sich als eine erste Hypothese die Frage, ob die Behinderung der Mutter zur Folge hat, daß der Vater in der Wahrnehmung der Beobachterin wie ein verlängerter Arm der Mutter, wie ein erweiterter Körperteil von ihr erlebt wird.

Auch im Spiel der Tochter ist die Bewegung betont. Ihre Bemerkung, daß „rumsitzen und gucken" langweilig ist, betont den Kontrast zwischen Sitzen und körperlicher Bewegung und die entsprechende Bewertung des Mädchens. Die erneute Betonung der Bewegung im Protokoll könnte wieder an die Behinderung der Mutter erinnern. Die Fremde, die als Dritte in die Familie hinzukommt, scheint als Möglichkeit benutzt zu werden, um kompensatorisch einen Mangel auszugleichen.

Als die ältere Tochter alleine mit dem Vater spielen kann, wird es ein lustvolles Spiel, das einen neuen Akzent in die Beobachtung bringt und schließlich zu der spielerischen „Hochzeit" zwischen Vater und Tochter führt.

So stellt sich die Familie von Beginn der Beobachtung an als gut integriert und aufeinander bezogen dar. Die Kinder sind mit Wünschen beschäftigt, die sich zunächst an den gerade nach Hause gekommenen Vater, dann aber auch mehr und mehr auch an die Beobachterin wenden. Aus dem allgemeinen Impuls, den Dritten einzubeziehen und mit ihm etwas zu machen, was mit der Mutter motorisch nicht möglich ist, werden in der Form des Heiratsspiels zunehmend altersadäquate ödipale Wünsche sichtbar.

5.4.2. Die Bedürfnisse der Töchter

Auch in den weiteren Beobachtungen setzt sich der Eindruck fort, daß die Familie die komplexe Situation des abendlichen Zusammentreffens und die Vorbereitung des Abendessens gut zu integrieren weiß. Erneut bleibt der Vater allgegenwärtig und im Mittelpunkt des Geschehens.

Eine Entwicklung im Prozeß der Beobachtung ergibt sich durch die Impulse der Töchter, sich zunehmend intensiver mit ihren Wünschen an die Beobachterin zu wenden. Während Frederike diesen Kontakt verbaler und symbolischer zu gestalten sucht, indem sie z. B. der Beobachterin ein Bild malt und schenkt, das eine Spitzmaus darstellt, oder ihr Spielzeug zeigen will, sucht Lena den direkten körperlichen Kontakt. Sie bedrängt die Beobachterin ganz unmittelbar, indem sie sich an sie klammert oder sich an ihr festkrallt und sie am Ende der Stunde nicht gehen lassen will.

Diese „Besetzung" führt auch zu Konflikten innerhalb der Familie:

Lena turnt auf mir herum und umarmt mich. Ich sage ihr, daß ich kein Klettergerüst sei, kann mich aber kaum ihrem Ansturm entziehen. Es entsteht ein Durcheinander, da die Mutter versuchen will, Lena von mir abzubringen.

Die Mutter fängt an, die Kinder nachdrücklich von der Beobachterin abzuhalten, um ihr eine Beobachtung zu ermöglichen. Diese aber empfindet die Situation als „absurd", weil sie nicht mehr eine teilnehmende Beobachterin sein kann, die eine familiäre Szene beobachtet, sondern einen Konflikt in der Familie ausgelöst hat und derart in den Mittelpunkt gerückt ist, daß sich die Familie um sie gruppiert.

Die von der Beobachterin empfundene Absurdität löst sich auf, wenn man die Szene als integralen Bestandteil der Beobachtung versteht. Schließlich wird die Familie – als allgemeine technische Regel – so beobachtet, wie sie sich in der Beobachtung darstellt.

In dieser Familie suchen die beiden Töchter intensiv einen körperlichen, lustvoll-spielerischen Umgang mit der Beobachterin. Die Mutter dagegen versucht, sie zurückzuhalten. Sie fordert sie zum Verzicht ihrer Bedürfnisse auf und nimmt damit aktiv auf deren Kontakt Einfluß.

Man kann hypothetisch annehmen, daß die Mutter nicht nur die Beobachterin schützen will (der Vater begnügt sich in diesen Szenen mit einigen kommentierenden Bemerkungen), sondern daß in der Form ihrer Intervention auch ihr eigener Stil im Umgang mit den Kindern wahrnehmbar wird. Die intensiven Wünsche der Töchter an die Beobachterin führen zu der Annahme, daß im emotionalen Umgang, der motorisch zu gestalten wäre, zwischen der Mutter und den Töchtern eine Lücke entstanden ist.

Erneut muß man sich die Gehbehinderung der Mutter ins Gedächtnis rufen, die in den Protokollen auch weiterhin nicht erwähnt ist und deshalb bisher nur durch die äußerst aktive Teilnahme des Vaters im Haushalt zu ahnen ist. Ich hatte die Behinderung als etwas sichtbar Unsichtbares beschrieben, das nicht erwähnt und trotzdem ständig vorhanden ist. So bleibt es auch weitgehend offen, ob und wie die Familie über die Beweglichkeit der Mutter spricht. Auf der bisher beobachtbaren Ebene scheint sie akzeptiert und integriert zu sein.

Es ist auffällig, daß die Mädchen sich so sehr an die Fremde wenden und sich gleichzeitig keine signifikante, von ihnen initiierte Beziehung mit der Mutter beobachten läßt.

Hatte ich zunächst gefragt, ob der Vater durch seine Aktivität die Behinderung seiner Frau im Haushalt kompensiert, so läßt sich die Frage jetzt ausdehnen, ob den Mädchen ein körperlich ausgelassener Kontakt mit ihrer Mutter fehlt.

Dieser Gedanke würde bei Lena unmittelbar einleuchten, weil sie den körperlichen Austausch, den sie mit der Beobachterin sucht, soweit beobachtbar, nicht mit der Mutter hat.

Bei Frederike kann man sich fragen, ob sich der reduzierte körperliche Umgang mittlerweile auch auf die allgemeine Beziehung zwischen Mutter und Tochter ausgedehnt hat.

5.4.3. *Die Dynamik zwischen Mutter und Tochter*

Der um die Behinderung und die Kontrolle der Mutter vermutete Konflikt mit den Bedürfnissen der Töchter, der während der Beobachtung lange Zeit gut integriert und nur indirekt wahrnehmbar zu sein schien, wurde dann in einer Beobachtung doch noch in einer kurzen, aber dramatischen Szene manifest, so daß er nicht mehr nur interpretativ erschließbar, sondern auch direkt anschaulich wurde.

In dieser Beobachtung ist der Vater zunächst noch nicht zu Hause. Die Mutter wartet „sehnsüchtig" auf ihn, was verständlich ist, weil sie mit fünf Kindern alleine im Haus ist. Neben den eigenen Kindern sind noch zwei Freundinnen der Töchter anwesend.

Für alle Kinder backt sie Pfannkuchen. Ein Mädchen jedoch mag kaum etwas davon essen. Ihre Schwester meint, wahrscheinlich würde ihr das Nutella fehlen, das es zu Hause immer dazu gäbe.

Die Mutter bedauert, daß sie keins hat. Sie erzählt, daß sie nie Nutella haben, weil sie sich nicht beherrschen könnte. Es gebe zwei Sachen, die sie nie im Haus hätten, weil sie sich nicht beherrschen könnte: Chips und Nutella. Frederike schlägt vor, daß sie das Nutella ja oben auf den Schrank stellen könnte, so daß die Mutter nicht daran kommt. Frau X. meint, daß dann aber Frederike daran schuld sei, wenn sie sich ein Bein breche.
Die Kinder sind dann alle aus der Küche. Frau X., Mona und ich bleiben zurück. Die Mutter ruft, wo denn Paul sei. Der ist bei den beiden großen Mädchen. Ich gehe ins Durchgangszimmer, wo Lena ist. Frederike und Lisa gehen durch in Frederikes Zimmer.
Die Mutter kommt und ruft Frederike, daß sie bitte wiederkommen soll. Ich sage ihr, daß das vollkommen in Ordnung wäre, daß

Frederike in ihrem Zimmer ist. Sie meint, daß sich heute alles so verstreuen würde, daß aber bald ihr Mann kommen würde und dann würde sich das vielleicht etwas ändern. Frederike ruft aus ihrem Zimmer, was denn wäre. Die Mutter ist wieder in der Küche. Ich sage Frederike, daß alles o.k. wäre. Sie will, daß ich mit in ihr Zimmer komme und da gucke. Ich gehe mit und Lena kommt auch mit. Lisa und Frederike spielen, wer den Boden berührt, ist tot.

Die Mutter, die bisher so kontrolliert blieb, zeigt sich mit einer kleinen Schwäche, nämlich ihrer unbeherrschbaren Lust auf Chips und Nutella. Sie zeigt auch, wie sie damit umgeht: sie unterbindet jede Versuchung, indem sie nichts davon im Haus hat.

Die eigenen Kinder müssen deshalb ebenfalls darauf verzichten, was normalerweise nicht aufzufallen scheint, aber heute, wo fremde Kinder im Haus sind, fällt das Manko auf.

Frederike schlägt vor, das Nutella auf den Schrank zu stellen, damit andere – und auch sie selbst? – nicht darauf verzichten müssen, die Mutter aber nicht heranreichen kann. Die Tochter würde der Mutter die Versuchung und ihre Schwäche dadurch unmittelbar vor Augen führen, denn das Nutella wäre dann nicht mehr weit weg im Supermarkt, sondern in fast erreichbarer Nähe.

Die Mutter nimmt die Spitze der Tochter direkt und heftig auf, wenn sie sagt, daß Frederike dann aber daran schuld sei, wenn sie sich ein Bein brechen würde. Es ist, als habe diese in ein Wespennest gestochen, und die Mutter antwortet mit einem entsprechend starken Schuldvorwurf.

Das Bild impliziert, daß andere Familienmitglieder gefahrlos an das Nutella herankommen könnten, nur die Mutter nicht. Mit dieser Absturzgefahr spricht sie erstmals, wenn auch indirekt, die Behinderung an. Man kann sich die Szene vorstellen, die sie vor Augen hat, wenn sie, eingeschränkt durch die Behinderung, auf einen Stuhl oder eine Leiter steigt und versucht, das begehrte Nutella auf dem Schrank zu erreichen und dabei abstürzt.

In ihrer heftigen Reaktion schwingt ein über den unmittelbaren Anlaß hinausgehender Affekt mit. Dieser Affekt wird primär nicht durch die Lust auf das Nutella ausgelöst, denn darüber kann sie sprechen, sondern durch ihr Angewiesensein auf die Gehhilfe und die damit verbundene körperliche und seelische Einschränkung, über die nicht gesprochen wird. Das Leiden an der körperlichen Einschränkung verdichtet sich in dieser Szene.

Man kann davon ausgehen, daß die Szene auch zwischen Mutter und Tochter ihre Geschichte hat. Frederike weiß unbewußt, wie sie ihre Mutter treffen kann. Auch für sie ist das im Haushalt fehlende Nutella nicht die Einschränkung, an der sie leidet, sondern die Behinderung, die in diesem Fall die aggressive Auseinandersetzung mit der Mutter prägt.

Die Szene beleuchtet einen weiteren Aspekt der familiären Bedeutung der Behinderung. Selbstverständlich sind auch in der zärtlichen Mutter-Tochter-Beziehung aggressive Impulse enthalten, die – psychoanalytisch gesehen – die wichtige Funktion haben, den eigenen Körper von dem der Mutter abzugrenzen (vgl. Leuzinger-Bohleber 1996). Diese Problematik ist oft ein zentraler Konfliktherd in der Mutter-Tochter-Beziehung und wird, wie die klinische Forschung zeigt, zusätzlich erschwert, wenn die Kinder eine Schwäche bei der Mutter, wie z. B. eine Körperbehinderung, wahrnehmen müssen (vgl. Fonagy et al. 1993).

Bei der Interpretation dieser Interaktion entsteht zunehmend die Frage, ob die ansonsten beobachtete Schonung der Mutter zum Selbstverständnis der Familie gehört, und diese Schonung die Behinderung im täglichen Umgang so scheinbar unsichtbar macht.

Der Vorschlag der Tochter evoziert bei der Mutter eine wahrscheinlich unkontrollierte Reaktion, die ihr Leiden an der Behinderung offenbart, und für die Tochter in eine schwierig zu verarbeitende Androhung einer „Schuld an einem Unfall der Mutter" mündet. Die verständlichen psychischen Wunden der Mutter, die in dieser Szene von den Töchtern als „Beschädigung des mütterlichen Objekts" erlebt werden, mögen unbewußte Gründe darstellen, die die Mädchen zusätzlich motivieren, nach ansprechbaren und belastbaren dritten Objekten zu suchen. Nur ausnahmsweise kommt es zu einer aggressiven Auseinandersetzung, die dann zu einem solchen Eklat führt.

Nach dem Vorwurf der Mutter entsteht im protokollierten Handlungsablauf ein Bruch. Nahezu alle Kinder verlassen die Küche. Der lapidare Satz „Die Kinder sind dann alle aus der Küche" bekommt durch die hier entfaltete Lesart eine eigene Logik. Die Kinder verziehen sich vor der vorwurfsvollen Mutter.

Die Mutter aber sucht die Trennung rückgängig zu machen. Sie ruft zunächst nach Paul und dann Frederike, daß sie „bitte wiederkommen" soll. Möglicherweise bekommt sie Schuldgefühle über das, was sie ihrer Tochter unterstellt hat. Indirekt scheint sie sogar ihren Mann zu Hilfe zu rufen.

An dieser Stelle schaltet sich die Beobachterin von sich aus ein. Sie spricht zunächst zu der Mutter, dann zu Frederike. Sie spricht zwei gleichlautende Sätze. Sie sagt der Mutter, „daß das vollkommen in Ordnung wäre, daß Frederike in ihrem Zimmer ist", und zu Frederike sagt sie, „daß alles o.k. wäre."

Die Beobachterin gibt keine Begründung für die zugesicherte Ordnung an. Die Sätze bleiben ganz inhaltsleer. Aber sie sollen eine Brücke zwischen Mutter und Tochter bilden, zwischen denen die Verbindung an dieser Stelle unterbrochen ist.

Offenbar hat die Beobachterin eine große Anspannung zwischen den beiden verspürt, die sie auch selbst schwer erträgt, und sie bemüht sich, zu vermitteln. Sie ersetzt den Vater, indem sie insbesondere die Mutter beruhigt und deren Angst beschwichtigt. Offenbar hatte die Beobachterin von der Mutter den Eindruck, sie sei verletzt und müsse beruhigt werden. Ihr Eingreifen verweist auf die unbewußte Dramatik der Szene.

Zusammenfassend entsteht das Bild, daß in der Familie der libidinöse und aggressive Umgang partiell gehemmt ist. Dies bezieht sich sowohl auf die präödipale Beziehung zwischen der Mutter und den Töchtern wie auch auf die ödipale Triade. Dadurch werden die entsprechenden Impulse beider Mädchen als konflikthaft erlebt. Das Spiel „verliebt, verlobt, verheiratet" bleibt die Ausnahme. Heftige Impulse scheinen gefährlich zu sein. In der Suche der beiden Mädchen nach der Beobachterin wird dies evident. Die Beobachterin wird in dieser Szene für sie zur hilfreichen Dritten.

Der Vater wird abends von seiner Frau und den Kindern als fehlender Dritter erwartet. In dieser Rolle soll er auf viele Bedürfnisse eingehen. Für Paul scheint er die Mutter ergänzen zu sollen, für die Töchter ist er nur phasenweise als lustvoll begehrtes Objekt der ödipalen Triade ansprechbar.

Es existieren offenbar schmerzliche Konflikte zwischen der Mutter und den Kindern, die er auflösen soll. Durch die mangelnde Belastbarkeit der Mutter entsteht eine Lücke, die im alltäglichen Umgang erst durch den emotionalen Austausch erkenntlich wird. Diese Lücke soll er auffüllen und dadurch die Familie zusammenfügen. Durch diese Erwartung erhält er seine zentrale Stellung in der Familie.

Diese Erwartung an den Vater ist in der krisenhaften Nutella-Szene, in der sich Frederike vor der Mutter zurückzieht und die Beobachterin die vermittelnde Rolle zwischen Mutter und Tochter übernimmt, dargestellt. Die Beobachterin spürte, wie dringend die Rolle in diesem Augenblick ausgefüllt werden mußte und gab ihre Abstinenz von sich aus auf. In anderen Fällen würde der Vater diese Rolle übernehmen.

Er ist in der familiären Interaktion wohl zu sehr mit der Kompensation der Lücke beschäftigt und wohl auch mit dieser Rolle identifiziert, als daß er auf darüber hinausgehende Impulse seiner Töchter eingehen könnte.

In der Schonung der Mutter vermischt sich die Abwehr präödipaler und ödipaler Impulse. Ausgehend von den beobachteten Szenen kann man vermuten, daß es innerhalb der präödipalen Dyade für die Töchter Einschränkungen gibt, daß es aber auch den Eltern schwer gelingt, in der Entfaltung der ödipalen Triade emotional in optimaler Weise mitzuschwingen.

Durch diese Abwehr steht die Mutter identifikatorisch nur bedingt zur Verfügung. Es gibt in der Beobachtung keine Szene, in denen sich eines der Mädchen neugierig oder auf der Suche nach einem Vorbild auf die Mutter beziehen würde. Wollte man das Problem in einem Bild verdichtet benennen, so steht der Körper der Mutter für den Entwicklungsprozeß der Töchter nicht genügend zur Verfügung.

So müssen sie sich, in diesem Fall insbesondere Frederike, damit auseinandersetzen, daß es zwar durchaus eine Sexualität zwischen den Eltern gibt, von der sie ausgeschlossen sind und deren Resultat sie auch in dem kleinen Bruder sehen. Ihre lustvolle wie auch rivalisierende Beziehung zu den Eltern aber bleibt gehemmt.

Theoretisch gesehen ergibt sich anhand des Protokolles die Frage, ob und wie die in der Dyade enthaltene Beziehungsqualität aufgeteilt werden kann und was die Aufteilung für die Ausweitung zur Triade hin bedeutet. Die Familie beeindruckt zunächst durch einen gut aufeinander eingespielten Umgang, der die Behinderung der Mutter nahezu vergessen macht. Erst beim differenzierten Blick auf einzelne Beziehungen innerhalb der Gruppe fällt auf, wie dyadische Beziehungen offenbar in bestimmten Bereichen, die ihre eigenen Wunden zu berühren scheinen, von der Mutter kontrolliert werden. Sie stellt die Grundfunktionen der Dyade zur Verfügung, was sich paradigmatisch gesehen in der Zubereitung der Milch abbildet. Aber die weitere libidinöse Ausgestaltung der Dyade, z. B. das Schmusen, ist in der beobachteten Szene schon Sache des Vaters. In seinem beeindruckenden Auftritt wirkt er z. T. wie eine Erweiterung der Mutter, nicht aber wie der Dritte, der qualitativ andere, von der Mutter deutlich unterschiedene Beziehungsqualitäten anbietet.

Für die Kinder entsteht die komplizierte Situation, daß sie einerseits die Mutter im Alltag schonen müssen, es aber auch eine elterliche Sexualität gibt, die im Klima der Gesamtfamilie scheinbar nicht spürbar sein darf.

An der Erwartung der beiden Töchter läßt sich zeigen, daß die dyadische Funktion nicht beliebig aufteilbar ist. Der Vater versucht, diese Funktionen mit zu übernehmen. Dadurch fehlt er für die triadische Interaktion, was sich insbesondere in der ödipalen Suche Frederikes bemerkbar macht. Die triadische Ausgestaltung gelingt nur in der ganzen Familiengruppe, nicht in einzelnen Dreierkonstellationen. Die Triade führt wegen der Einschränkung der Mutter und der damit verbundenen Konflikte bisweilen nicht zur Auseinandersetzung mit dem Neuen, Fremden und damit nicht zu einer Entwicklung und Differenzierung libidinöser und aggressiver Affekte.

Gerade diese Auseinandersetzung stellt aber das Charakteristikum der Triade dar. Weil diese Auseinandersetzung erschwert ist, bleibt die Triade in dem vorliegenden Beispiel nur partiell gut entwickelt. Es läßt sich zeigen, daß die numerische Anwesenheit von drei oder mehr Personen noch keine genügende triadische Entwicklung gewährleistet, wenn nicht das triadische Moment auch als qualitativ Neues repräsentiert ist. Durch die Hemmung in der Dyade bleibt die Triade affektiv schwach ausgeprägt. Auch in diesem Beispiel wird ein Grundzug der Triade deutlich: offen gebliebene Bedürfnisse innerhalb der Dyade schwächen die Besetzung des Dritten und damit die Erfahrung des Neuen gerade in seiner ödipalen Qualität.

5.5. „Mama kommt bald" – Ein literarisches Beispiel von Peter Høeg

Der folgende Text schildert in einer literarischen Darstellung eine Bedeutung des Dritten bei einer zu frühen Trennung vom Primärobjekt. Es ist eine Passage aus dem Roman von Peter Høeg „Der Plan von der Abschaffung des Dunkels" (1995).

Das Buch schildert die Erlebnisse eines 14jährigen Jungen in einer Internatsschule. Der Junge ist ein Heimkind. Offenbar wurde er unmittelbar nach seiner Geburt in ein Säuglingsheim gegeben.

Vom Säuglingsheim ausgehend wechselte er mehrfach die Institution, so daß es ihm nach Einschätzung betreuender Pädagogen nicht gelang, zu einem Erwachsenen eine intensive Bindung zu entwickeln. In pädagogischen Gutachten wird er als unfähig bezeichnet, „stabile emotionale Beziehungen herzustellen" (S. 83).

Das Buch schildert eindrucksvoll, wie sich zwischen dem Jungen und zwei weiteren, etwa gleichaltrigen Jugendlichen im Widerstand gegen die zwanghaft kontrollierende Organisation der Schule eine dichte emotionale Beziehung entwickelt. Die drei bilden eine Art Kleinfamilie, die insbesondere der Hauptperson Peter in seiner Biografie gefehlt hat.

Durch diesen Zusammenhalt verändert sich Peter. Seitdem er die Zuneigung Katarinas gespürt hat und sich für den sehr kranken August verantwortlich fühlte, hat er sich nie mehr alleine gefühlt und „nie mehr völlig den Mut verloren" (S. 260).

In mehreren Einschüben zu der Handlung im Heim schildert sich Peter als Erwachsener, als Ehemann und als Vater einer kleinen Tochter. Ich möchte auf eine dieser Passagen unter dem Aspekt der Triangulierung eingehen:

„Über diese Freude hinaus teilte sie mir noch eine andere, tiefe Wahrheit mit. Ich verstand sie, als ich zum ersten Mal allein mit ihr war.

Die Frau war weggegangen. Kurz bevor sie ging, hatte sie mich einen Augenblick angesehen, und ich wußte, vielleicht tat sie es, uns alleinlassen nämlich, meinetwegen.

Das Kind saß neben mir auf dem Sofa. Ich sah sie an und dachte, daß jetzt ich die Verantwortung hatte, es war das erste Mal.

Ich hatte schon früher auf Leute aufgepaßt, solche, mit denen man zur Schule ging. Das war leichter gewesen. Sie waren etwas älter, und den meisten von ihnen war es ziemlich übel ergangen. Man hatte gewußt, egal, was man tat, viel schlimmer konnte es für sie nicht werden. Selbst mit August war es einfacher gewesen. Alles, was man für ihn tun konnte, war, den letzten Ausweg zu suchen. Mit dem Kind war es anders. Man denkt, vielleicht hat sie eine Chance. Noch hat ihr niemand etwas zerstört. Sie kann essen, was sie will, und sie hat die Frau und ist in einer Familie, und sie ist nie geschlagen worden.

Dann ist man plötzlich zu einem Zeitpunkt allein mit ihr. Und da ist es schwer zu wissen, was man tun soll.

Man weiß, die einzige, die in ihrem Leben etwas bedeutet, das ist die Frau, und sie ist jetzt weggegangen. Nur man selbst ist jetzt noch da. Ist, so gesehen, ziemlich wertlos. Und hat anderen Menschen nichts Besonderes zu geben.

Es war lähmend. Man weiß nicht, was man tun soll. Ich bekam ziemliche Angst.

Ich sagte und tat zunächst nichts.

Sie war zu der Tür gelaufen, durch die die Frau hinausgegangen war. Von dort aus rief sie nach mir. Ich ging zu ihr.

Sie war sehr ernst. Die Haut in ihrem Gesicht wirkte ganz dünn, zum Zerreißen gespannt, wie Papier. Darunter war bodenlose Trauer.

Sie weinte jedoch nicht. Es war, als ob sie etwas ausprobierte.

„Wir warten hier", sagte sie.

Wir setzten uns hin, mit dem Rücken zu Tür. Die Diele war kalt. Wir saßen Seite an Seite. Dann sah sie zu mir auf.

„Mama kommt bald", sagte sie.

Bald. Es war das erste Mal, daß sie je die Zeit erwähnte. Da verstand ich die Botschaft in ihren Listen.

Es war die Ordnung, die Botschaft war die Ordnung. Was sie mir erzählte, war, daß sie versuchte, Ordnung in die Welt zu bringen. Auf dem Fußboden, als ich mich neben sie setzte, sah ich, gleichsam mit ihren Augen, wie ihr die Welt entgegenkam. Groß und nicht zu bewältigen. Mit den Wörtern versuchte sie, in dieses Chaos Tunnel der Ordnung zu bauen.

Ordnen heißt Wiedererkennen. Wissen, daß in einem endlosen, unbekannten Meer eine Insel ist, wo man schon einmal war. Auf solche Inseln hatte sie gezeigt. Mit den Wörtern hatte sie sich ein Netz von wohlbekannten Menschen und Gegenständen geschaffen.

„Mama kommt bald."

In die chaotische Trauer über die Trennung von der Frau hatte sie Ordnung gebracht durch die Erklärung, daß sie zeitlich begrenzt, vorübergehend war, daß sie aufhören würde. Sie hatte die Zeit benutzt, um den Schmerz der Trennung zu überwinden. Rings um ein Kind kommen und gehen Menschen, Gegenstände tauchen auf und werden weggenommen, die Umgebung nimmt Form an und löst sich auf. Und es wird ihm keine Erklärung gegeben, denn wie soll man einem Kind die Welt erklären?

Da hatte sie die Wörter gebraucht. Wörter vergegenwärtigen und halten fest, was nicht da ist. Mit ihren Wortlisten hatte sie sich versichert, daß das, was sie einmal kennengelernt hatte, zurückkommen würde.

Sie sah zu mir auf. Ihre Augen waren voller Tränen, aber sie weinte nicht, es war, als ob sie ihre Trauer bewältigte.

Ohne Worte sagte mir ihr Gesicht, daß wir zusammengehörten. Daß wir beide etwas wußten vom Verlust, auch sie, die so viel mehr hatte, als ich je gehabt hatte. Auch sie wußte schon jetzt, daß dies eine Welt ist, wo einem Menschen und Dinge weggenommen werden, wo man weggebracht wird von da, wo man sein will, wo jemand das Licht ausmacht, so daß man sich fürchtet. Und das braucht gar nicht aus bösem Willen zu geschehen, sondern ist unvermeidlich.

Ich hatte wohl vor diesem Augenblick nicht ganz verstanden, daß sie ein Mensch war. Eher hatte ich wohl geglaubt, sie sei etwas Überwertvolles, das man auf die Art beschützen könnte, wie einen selbst nie irgend jemand beschützt hatte. Nun sah ich, daß sie in gewisser Weise war wie ich selbst. Viel reiner und wertvoller, aber dennoch in gewisser Weise wie ich selbst.

Da kam mir der Gedanke, daß ich vielleicht doch zu ihrem Vorteil sein, doch an sie herankommen könnte.

Ich weiß nicht, wie lange wir so sitzen blieben. Schließlich sank sie langsam in sich zusammen und schlief. Ich trug sie ins Bett. Ich setzte mich und sah sie an. Ich dachte daran, was sie gesagt hatte und warum.

Sie hatte gesagt, um die Trauer darüber zu überwinden, daß die Frau fort war.

Doch sie hatte es zu mir gesagt" (a. a. O., S. 85–87).

Im Text fällt zunächst die distanzierte Sprache auf, mit der Peter über seine Familie spricht. Es wird nicht unmittelbar deutlich, daß die Frau und das Kind seine Frau und seine Tochter sind. Erst der Ausspruch des Kindes: „Mama kommt bald" klärt zumindest einen Teil der Beziehungen auf.

Trotz dieses distanzierten Umgangs empfindet Peter eine tiefe Beziehung zu seiner Tochter, in der insbesondere Besorgnis, Angst und Verantwortung im Vordergrund stehen.

In der Szene bleibt er mit seiner Tochter erstmals alleine. Die Verantwortung, die er in dieser Situation spürt, lähmt ihn. Seine Angst, an dem Kind etwas zerstören und damit eigene, destruktive Erfahrungen weitergeben zu können, läßt ihn in eine tatenlos passive Haltung verfallen, die schließlich zu einer umfassenden Selbstentwertung führt.

Bei der Trennung von der Mutter kann er, so sein zunächst vorherrschender Eindruck, seiner Tochter in keiner Weise helfen. Er wirkt dyadisch fixiert. Für die Vermittlung einer triangulierenden Erfahrung scheint ihm die notwendige psychische Ausstattung zu fehlen.

So scheint es, als würden im ersten Teil der Szene zwei verlassene Kinder am Boden vor der Wohnungstür sitzen. In dem Vater werden offenbar frühe Verlassenheitserfahrungen wachgerufen, frühe Traumata aktiviert, die ihn jetzt selbst zu einem verlassenen Kind machen. Er kommt in eine sprach- und hilflose Situation, die ihn handlungsunfähig werden läßt.

Einzig das Kind sucht nach einem Ausweg. Unbelastet von deprimierenden Vorerfahrungen sucht es die Beziehung zu dem erstarrten Vater, indem es die Gemeinsamkeit der Verlassenen anspricht: „Wir warten hier."

Der Vater reagiert auf das „wir" als eine vom Kind hergestellte neue Dyade. Damit löst sich seine Erstarrung. Die beiden setzen sich „Seite an Seite" auf den Boden. Diese erste Reaktion des Vaters scheint die Tochter zu ermutigen. Sie sagt jetzt einen zweiten Satz: „Mama kommt bald."

Damit führt das Kind in die scheinbar unendliche Verlassenheit eine zeitliche Perspektive, eine Zuversicht ein. Die Verlassenheit wird überschaubar, denn das „bald" signalisiert ein mögliches, absehbares Ende der Zeit ohne Mutter.

Die Zuversicht des Kindes hilft dem Vater. Es gelingt ihm, die Welt mit den Augen der Tochter zu sehen. Er identifiziert sich. Zwar wird im Text die beginnende Orientierung und Strukturierung des Kindes geschildert, aber der Verlauf der Szene macht deutlich, daß hier auch ein innerer Prozeß des Vaters stattfindet. Dieser Prozeß erlaubt es ihm, „in dem endlosen, unbekannten Meer" der Trauer erste Inseln des Vertrauens wiederentdecken zu können. Zugleich kann er spüren, daß die Ordnung der Dinge und die Ordnung der Beziehungen auf eine nicht-destruktive Weise angeeignet werden können.

Diese Vorstellungen beruhigen ihn in seinen Ängsten, seiner Tochter nur destruktive Erfahrungen weitergeben zu können. Gemeinsam mit dem Kind kann der Vater einen Entwicklungsprozeß zulassen.

In diesem Prozeß hat die Sprache eine besondere Bedeutung: „Wörter vergegenwärtigen und halten fest, was nicht da ist."

Die sprachliche Symbolisierung der Erfahrung, daß die Trennung zeitlich begrenzt ist, daß die Mutter bald wiederkommen wird, erlaubt Vater und Tochter eine erste Unabhängigkeit von dem situativen Ausgeliefertsein. Die Trauer ist zu bewältigen.

Bis zu dieser Vergegenwärtigung der Sprache scheint es, als würde der Vater lediglich der Tochter folgen. Sie hat die Initiative in der szenischen und sprachlichen Gestaltung.

Indem er die von seiner Frau vorübergehend verlassene Welt mit den Augen seiner Tochter sehen kann – und gleichzeitig durch die Anwesenheit der Tochter zwar nicht verlassen, aber voller Angst über seine Verantwortung ist –, erlebt er seine eigenen Verlassenheitstraumata in einem neuen Licht. In die Traumata schieben sich andere, objektbezogene Möglichkeiten der Trennung. Das Heimkind kann neben dem willkürlichen Umgang der Institutionen andere Erfahrungen in sich beleben, in denen es selbst Bedeutung hatte, und wo es auch in Phasen der Trennung eine innere Verbundenheit gab, auf die es sich im Alleinsein beziehen konnte. Solche Erfahrungen hat es im Verlauf des Buches mit Katarina und August gegeben.

Aus der Rolle des verlassenen Kindes kommt der Vater in eine triangulierte Position. Er kann seine panische Angst bewältigen und sich wieder als Subjekt fühlen, das zwar schreckliche Erfahrungen gemacht hat, dem es aber mit dem Wissen um diese Erfahrungen gelungen ist, tiefgreifende Beziehungen einzugehen.

Diese Vergegenwärtigung erlaubt es ihm zu differenzieren. Neben die traumatische tritt die normale, unvermeidliche Trennung, die nicht aus Willkür geschieht, sondern die zu den menschlichen Grunderfahrungen gehört und die Wachstum und Unabhängigkeit von den Primärobjekten ermöglicht.

Zugleich wird die göttlich überhöhte Tochter menschlich. Er selbst, der sich zuvor so sehr entwerten mußte, findet sich in dem Kind wieder und findet damit auch in sich selbst den Menschen mit seinen differenzierten Erfahrungen zurück.

Er spürt jetzt, daß er „vielleicht doch zu ihrem Vorteil sein", daß er seiner Tochter etwas geben kann.

Wenn auch erneut mit großer Vorsicht angedeutet, kann sich der Vater vorstellen, für seine Tochter ein bedeutungsvoller Dritter zu sein. Er selbst hat vielfältige Trennungen erlebt. Er weiß vom Verlust und hat mittlerweile aber auch in sich die Erfahrung, daß durch eine Trennung die Beziehung nicht verloren gehen muß. Was die Tochter ihm zunächst voraus zu haben schien, ist doch eine Hilfe, die er ihr geben kann: die triangulierende Hilfe im Umgang mit Trennungen.

Die Triangulierung bekommt hier einen anderen Akzent: es geht nicht um das aufregend Neue, sondern um die Vorstufe dazu, um die Kompensation des Verlusts. Der Dritte hilft dabei, den Verlust erträglich zu machen, indem er anhand der eigenen Erfahrung mit Trennung die zeitliche Perspektive, die Zuversicht einführt. Durch diese gemeinsame Erfahrung bildet sich eine Beziehung zwischen Vater und Tochter, die sich von der zur Mutter unterscheidet. Diese Beziehung entwickelt sich im Verlauf des Buches parallel zur Handlung als ein Beispiel für eine schonende, nicht-destruktive Beziehung. Vater und Tochter lernen voneinander. Der Vater kann sich mit seinen Ängsten in der Tochter spiegeln und langsam Vertrauen in die Zukunft entwickeln, so wie die Tochter den Vater als vorsichtigen, aber anwesenden Dritten alternativ zur Mutter aufsuchen kann: „Da sah ich, daß sie keine Antwort brauchte. Das Wichtigste war, daß ich mich auf den Boden gesetzt und ihr zugehört hatte" (S. 148).

6. Auswertung und Diskussion

Wie kann ich aber nur gedenken, daß euch ein Sohn gegeben ist, ohne zugleich auszusprechen, daß ihr einander auf immer angehört, daß ihr um dieses Wesens willen schuldig seid, vereint zu leben, damit ihr vereint für seine Erziehung und für sein künftiges Wohl sorgen möget.
Es ist bloß ein Dünkel der Eltern, versetzte Eduard, wenn sie sich einbilden, daß ihr Dasein für die Kinder nötig sei. Alles was lebt findet Nahrung und Beihülfe, und wenn der Sohn, nach dem frühen Tode des Vaters, keine so bequeme, so begünstigte Jugend hat, so gewinnt er vielleicht eben deswegen an schnellerer Bildung für die Welt, durch zeitiges Anerkennen, daß er sich in andere schicken muß, was wir denn doch früher oder später alle lernen müssen.
(J. W. Goethe, Die Wahlverwandtschaften, 1809, S. 216.)

Die psychoanalytische Entwicklungspsychologie hat, obwohl das Goethe-Zitat die durchaus aktuelle Diskussion der unvollständigen Familie ankündigt (s. u.), doch eine tiefere Schicht der familialen Triade erschlossen als die literarische Annäherung sie vermitteln kann. Innerhalb der Triade läßt sich eine differenzierte und vielschichtige Dynamik darstellen. Die durch die Interpretationen der Familienbeobachtungen entwickelte Reflexion des Begriffs hat zu einem Verständnis der Triade geführt, das über das rein numerische Vorhandensein von drei Personen oder eines dritten Elements hinausgeht. Innerhalb einer Person oder einer Zweierbeziehung kann eine trianguläre Wahrnehmung jederzeit vorhanden sein, genauso wie in einer Gruppe mit drei Personen dyadisches Erleben überwiegen kann. Die Triade sollte nicht quantitativ, sondern qualitativ abgeleitet sein. Sie muß nicht phänomenologisch ablesbar sein, sondern ist dynamisch zu erschließen und als internalisierte Struktur nachzuweisen. Ihre Qualität erschließt sich aus der Spannung zur Dyade.

Beispielsweise ist die These allgemein nachvollziehbar, daß die Triangulierung eine Bedingung für künstlerisch-kreative Prozesse ist (Meissner 1999). Dagegen hat die sich nur auf äußere biografische Daten stützende Interpretation, Picasso habe aus Kränkung über die Trennung seiner Frau Françoise Gilot aufgrund eines inneren Triangulierungsprozesses seinen Velazquez-Zyklus begonnen, um sich an dem großen spanischen Vorfahren innerlich wieder aufzurichten, zwar eine gewisse Plausibilität, bleibt aber dynamisch gesehen unbefriedigend, weil sie bei einer Behauptung stehen bleibt (a. a. O., S. 318 ff.). Es erscheint wenig sinnvoll, alleine von dem Vorhandensein von drei Elementen auf eine Triangulierung zu schließen. Deshalb habe ich z. B. die Szene in der Familienbeobachtung, in der die Mutter mit der Tochter Plätzchen backen will, dyadisch verstanden, obwohl durch die gemeinsame Tätigkeit des Backens ein drittes Element vorhanden ist (vgl. Kap. 5.2.). Das Backen stellt zwar einen möglichen gemeinsamen Bezug für Mutter und Tochter dar, führt aber nicht zu einer gemeinsamen Tätigkeit am Dritten. Es gehört – so meine Interpretation – zu einem schon bekannten, homologen Beziehungsmodus, der keine neue Qualität erschließt. Es steht in der Tradition einer unabgegrenzten, letztlich aus der symbiotischen Erfahrung stammenden Beziehung.

Die Tochter wehrt sich in dieser Szene gegen den Modus, weil ihr Entwicklungsimpuls in Richtung heterologer Erfahrungen, der Suche nach dem Neuen und Unbekannten geht.

Es erscheint sinnvoll, die Triade mit der Qualität des Neuen konstitutiv in Verbindung zu bringen. Sie eröffnet einen Raum, der neue Perspektiven ermöglicht und mit der Entwicklung der Reflexivität die Voraussetzung für das Neue darstellt.

Diese Definition entspricht der bisherigen psychoanalytischen Theorie von Triangulierungsprozessen auf der Stufe der frühen wie auch der ödipalen Triade.

In beiden Entwicklungsstufen ist die Triade eng mit dem Verständnis des psychosexuellen Beitrags des Vaters zur Entwicklung der Geschlechtsidentität des Kindes verknüpft. Zunächst hilft der Vater bei der Entwicklung einer triadischen Struktur, die die Erfahrungswelt von der unmittelbar bezogenen dyadischen Wahrnehmung zum symbolisch und sprachlich vermittelten Denken erweitert. In diesem Raum ist eine erweiterte libidinöse und aggressive Erfahrung möglich (vgl. Herzog 1991), die zur ödipalen Triade führt. Bei den libidinösen ödipalen Wünschen wird erneut die Dyade gesucht, weil auch bei ihrer Befriedigung – real oder fantasiert – eine dyadische Beziehung angestrebt wird. Der Dritte ist innerlich repräsentiert, soll aber ausgeschlossen werden. Die Identifikation mit ihm ermöglicht die Lösung des ödipalen Konflikts und führt in einen Entwicklungsprozeß, der dyadische und triadische Strukturen enthält.

Versteht man die Triade als ein neues, die bisherige Erfahrung erweiterndes Element, dann steht sie in einem dynamischen Verhältnis zur Dyade. Die Dyade repräsentiert Beziehungserfahrungen, die durch ruhige wie auch erregende Bezogenheit gekennzeichnet sind. Im Wechselspiel dazu steht die progressive triadische Auseinandersetzung mit dem Neuen.

Dieses Verständnis der Triade erweitert den psychoanalytischen Bezugsrahmen: dyadische und triadische Erfahrungen sind nicht an einen bestimmten entwicklungspsychologischen Zeitpunkt gebunden, sondern sie prägen die gesamte Entwicklung, wenn auch in der je unterschiedlichen Ausprägung der narzißtischen und psychosexuellen Entwicklung.

Die Störung triadischer Beziehungen kann dementsprechend unterschiedliche Ausmaße annehmen. Sie muß nicht auf ein weitgehendes Fehlen der Triangulierung beschränkt bleiben, wie bei manchen frühgestörten Patienten (vgl. z. B. Britton 1989), sondern kann sich durchaus auf einzelne neurotische Bereiche des Erlebens beziehen.

So kam ein Patient, der viele Bereiche seines sozialen Lebens gut gestalten konnte, in psychoanalytische Behandlung, weil es ihm nicht gelang, eine befriedigende Zweierbeziehung einzugehen. In der Analyse irritierte mich lange Zeit seine narzißtische Zurückgezogenheit, mit der er der analytischen Beziehung gegenüber ganz verständnislos blieb.

Schließlich war es möglich zu verstehen, daß er sich nur eine Beziehung vorstellen konnte, in der grenzenloses Vertrauen möglich war, in der er sozusagen sein Haus ganz auf das Fundament einer anderen Person bauen konnte. Dieser Vorstellung entsprechend hatte er mehrere kurze Beziehungen gehabt, in denen er sich aufgrund seiner inneren unbewußten Bilder schwärmerisch und vorbehaltlos auf eine Person bezog und jedes Mal bitter enttäuscht wurde.

Die analytische Beziehung dagegen erschien ihm, schon alleine aufgrund des Setting, lange Zeit als zu begrenzt, als daß er Vertrauen hätte entwickeln können.

Der Patient hatte, ausgelöst durch ein Erlebnis in der Adoleszenz, das traumatisierende Qualität angenommen hatte, eine ausschließlich dyadische Vorstellung von Beziehung. Er suchte die Beziehung in einer jede Realität negierenden Ausschließlichkeit, wenn die Person entsprechend seines inneren Bildes dazu geeignet erschien, und er vermied mißtrauisch jede Nähe, wenn die Beziehung keine ausreichende Entgrenzung versprach. Dann diente die triadische Haltung, das berufliche Funktionieren, zu Abwehrzwecken, um jede Form von Nähe zu vermeiden.

In einer anderen Behandlung träumte eine Patientin, daß sie mit meinen Kindern spielen sollte und ich sie dabei auf ihren Fortschritt in der Therapie überprüfen würde.

In diesem Traum empfand sie ein drittes Moment, die Prüfung, als eine Belastung in der analytischen Beziehung. In der Tat fühlte sich die Patientin in dieser Stunde insgesamt von mir distanziert und in der zuvor vorwiegend guten Stimmung mit mir gestört. Wir konnten verstehen, daß diese Störung mit einer Unterbrechung der Behandlung durch meine Ferien in Zusammenhang stand. Der Patientin fiel dazu als eine Erinnerung ein, wie sie als Kind beim Vater schmusend auf dem Schoß saß, die Mutter aber in das Zimmer kam und sie von ihm wegholte.

Die Patientin hatte sich während meiner Ferien einsam gefühlt und teilte mir durch den Traum den Grund dafür mit. Als wir diese Dynamik besprechen konnten, fiel ihr ergänzend dazu ein, wie schwer es ihr in Arbeitssituationen fiel, sich von der Nähe zu ihrem Mann zu lösen und sich an den Schreibtisch zu setzen.

Die Patientin hatte, ähnlich wie die Tochter in der Familienbeobachtung, die mit dem Vater Lego spielen und nicht mit der Mutter backen wollte (vgl. Kap. 5.2.), sich aus der Primärbeziehung zur Mutter gelöst und den Vater als Dritten unter Ausschluß der Mutter gesucht. Die neue, ödipale Dyade basiert auf der Aussperrung des Primärobjekts, das gleichwohl innerlich repräsentiert ist. Kann die Tochter den Vater nicht in ausreichendem Ausmaß finden und sich mit der Differenz identifizieren (vgl. Benjamin 1992), so bleibt sie an diesen Wunsch fixiert und weitere Entwicklungsschritte werden als störend empfunden.

Anders als in dem ersten Beispiel geht es bei dieser Patientin nicht um eine umfassende schützende und stützende Beziehung, sondern um die libidinöse Begegnung, in der der oder das Dritte innerlich differenziert repräsentiert ist, aber als störend erlebt wird. Der progressive Aspekt der Triade, die Entwicklung (in diesem Beispiel die Arbeit am Schreibtisch) kann nicht besetzt werden, wenn die Dyade vorwiegend gegen die Störung durch den Dritten abgesichert werden muß.

Beide Beispiele zeigen, daß die Triade in einem lebendigen Wechselspiel mit der Dyade steht, daß dieser Prozeß auf unterschiedlichen dynamischen Ebenen stattfindet und daß er vielfältig gestört werden kann.

Die in der Untersuchung vorgelegten Familienbeobachtungen geben einen unmittelbaren Einblick in triadische Eltern-Kind-Interaktionen. Es sind qualitative Einzelfallstudien, die anschaulich die Vielfalt und Dynamik des Alltags in sehr unterschiedlich strukturierten Familien darstellen. Sie wurden unter dem Aspekt der Dynamik dyadischer und triadischer Interaktionen psychoanalytisch-hermeneutisch ausgewertet.

Die geringe Fallzahl von drei Familien und die erhebliche Varianz der Interaktionsstrukturen bringt es mit sich, daß die Befunde nur vorsichtig und vorläufig verallgemeinert werden können.

Die ursprüngliche Absicht, Kinder im Alter von 1,5 bis 5 Jahren in der Interaktion mit ihren Eltern zu beobachten, ließ sich in den einzelnen Familien nur bedingt verwirklichen. In zwei Familien (vgl. Kap. 5.3. und 5.4.) drängten sich die älteren Kinder mit ihrer Dynamik so in den Vordergrund, daß sich die Beobachtung zwangsläufig zu ihnen verlagerte. Der scheinbare Nachteil führte zu einer Veränderung der Beobachtung. Indem sich die Beobachtung von der Fixierung an einen bestimmten Altersabschnitt löste, öffnete sie sich für die gesamte Dynamik der Familie. Die Dynamik der Triade ließ sich allgemeiner und losgelöst vom Alter thematisieren.

6.1. Reflexion der Methode

Bevor ich auf die inhaltlichen Ergebnisse der Beobachtungen und ihren Beitrag zur Theorie der Triade eingehe, will ich das methodische Vorgehen und die Auswertung zusammenfassend reflektieren. Die qualitative Einzelfallforschung hat eine Fülle anschaulicher Beobachtungen der Kinder mit ihren Müttern und Vätern ermöglicht. Das Setting der Beobachtung und der interpretativen Auswertung ist durch eine personelle Aufteilung gekennzeichnet. Während die Beobachtungen von psychoanalytisch nicht-professionalisierten Studenten durchgeführt wurden, wurde die jetzt vorliegende Interpretation von mir ohne persönliche Kenntnis der Familie und in zeitlich versetztem Abstand vorgenommen.

Diese Aufteilung von Beobachtung und Interpretation erwies sich als vorteilhaft. Die Familien konnten die Studenten als Beobachter relativ leicht akzeptieren, so daß sie sich auch ohne längere Anlaufzeit offen beobachten ließen. Die Studenten ihrerseits protokollierten die Beobachtungen anschaulich und ohne daß theoretische Vorannahmen in ihre Protokolle eingeflossen wären, wie dies in der psychoanalytischen Babybeobachtung offenbar immer wieder beachtet werden muß (vgl. Kap. 4).

Die Interpretation wurde zunächst in der Studentengruppe unter Anleitung zweier Experten vorgenommen. Dann wurde sie von mir ohne persönliche Kenntnis der Familie vertieft und erweitert. Indem ich in dieser Arbeit ausführliche Protokolltexte wiedergebe und meine Interpretationen am Text entwickle, versuche ich sie für Dritte nachvollziehbar und überprüfbar zu machen.

Dem möglichen Einwand, die Studenten hätten aufgrund ihrer Unerfahrenheit willkürlich oder sinnverzerrend protokolliert, wurde zu begegnen versucht, indem im zeitlichen Abstand zu den Beobachtungen mit den Studenten einzelne Sequenzen detailliert erneut durchgegangen wurden, um die Konsistenz der Protokolle zu überprüfen. Wie erwähnt (vgl. Kap. 4), ergaben sich keine signifikanten Abweichungen.[16]

---

[16] Diese Art der Überprüfung des Narrativ wurde in der späteren Forschung aus-

Der Beobachtungsprozeß von 10 Stunden erwies sich als ein praktikabler und sinnvoller zeitlicher Rahmen, der eine Ergänzung zu Langzeitbeobachtungen, wie Herzog sie durchgeführt hat, darstellt. Der Zeitraum war lange genug, um einen emotionalen Prozeß innerhalb der Beobachtung zu ermöglichen und damit mehr als einen punktuellen Ausschnitt zu erfahren. Andererseits war er kurz genug, um einer zu intensiven Erwartung an die Beobachtung, die hätte frustriert werden müssen, vorzubeugen. In allen drei Beobachtungen ließen sich durch den Zeitraum von 10 Stunden und durch die Anwesenheit der Beobachter über 10 Wochen einzelne Eindrücke von der Familie, die sonst möglicherweise interpretativ unsicher geblieben wären, ausreichend absichern.

Insgesamt gesehen erscheint mir die teilnehmende psychoanalytische Familienbeobachtung als ein sinnvoller Forschungsansatz, die einen eigenständigen Platz zwischen Laborforschung und klinischer Arbeit beanspruchen kann.

Im Vergleich zu anderen Formen der empirischen Forschung arbeitet sie mit kleineren Fallzahlen und zieht ihre Stärke aus der hermeneutischen Auswertung. Die Beobachtung der Familien in ihrem Wohnraum ermöglicht einen umfassenderen und unmittelbareren Zugang als in einer Laborsituation und dadurch eine größere Annäherung an die jeweilige Dynamik.

Die teilnehmende Beobachtung stellt eine qualitative Einzelfallforschung in einem nicht-klinischen Rahmen dar. Sie ermöglicht, ähnlich wie in der Ethnopsychoanalyse, Erfahrungen, die so mit keiner anderen Methode erreichbar wären. Durch die interpretative Aufarbeitung der Protokolltexte ist ein genuin psychoanalytisches Verständnis unbewußter Inhalte und unbewußter Inszenierungen möglich, das einen eigenständigen Beitrag zur psychoanalytischen Theoriebildung ermöglicht.

gedehnt, indem mit den Beobachtern vor Beginn der Beobachtung Gespräche über ihre eigenen Familienbilder und über ihre Erwartungen an die Beobachtungsfamilien geführt wurden, um mögliche Übertragungs- und Gegenübertragungsreaktionen besser verstehen zu können. Auch könnten bei einer Ausdehnung der Studie zur weiteren externen Validierung das „Spiel-zu-dritt" (vgl. Kap. 2.4.), halbstandardisierte Interviews mit den Eltern oder die Sceno-Diagnostik mit den Kindern eingesetzt werden.

6.2. Überlegungen zur Bedeutung der Triade in der Dynamik der untersuchten Familien

Als ein erstes und allgemeines Ergebnis möchte ich darauf hinweisen, wie regelmäßig und in welch hohem Ausmaß der Beobachter von der Familie projektiv besetzt wurde. Keine Familie ließ sich im naiven Sinne beobachten, sondern alle reagierten ausgeprägt auf die Anwesenheit des Fremden. Der Beobachter als hinzukommender Dritter zog Erwartungen, Hoffnungen und Ängste auf sich, die aus der innerfamiliären Dynamik resultierten.

Sieht man die Familie als eine Einheit im Sinne einer aufeinander bezogenen Gruppe, so war der Beobachter der Dritte, an den sich blockierte oder unerfüllte Wünsche richteten. Dieser Effekt fiel insbesondere bei den Kindern auf. Das Setting der teilnehmenden Beobachtung ist ihnen schwer zu vermitteln. Sie interessieren sich für eine junge Frau, die in die Familie kommt und sprechen sie an.

Man kann vermuten, daß die Kinder in ihren Versuchen, die Beobachterinnen zu erreichen, sowohl ihre eigenen Wünsche zum Ausdruck brachten, die in der familiären Dynamik nicht ausreichend zur Geltung kommen, als auch im unbewußten Auftrag der Eltern sich mit unerfüllten Anteilen an die Beobachter wendeten.

Die Erwachsenen gingen mit den Beobachtern in der Regel rationaler und kontrollierter um. Ihnen war bewußt, daß in der Rolle der teilnehmenden Beobachtung die Abstinenz gewahrt bleiben sollte. Trotzdem reagierten natürlich auch sie auf die Anwesenheit der Beobachter.

Diese Reaktionen waren breit gestreut. Bei einigen herrschten – im Gegensatz zu den Kindern – eher die Ängste vor möglichen kontrollierenden Aspekten der Beobachtung vor. Manche Erwachsene, insbesondere die Väter, schienen sich in ihrer Elternrolle herausgefordert zu fühlen. Dadurch wurden Über-Ich-Anteile mobilisiert (vgl. Kap. 5.2. und 5.3.). Andere wünschten sich in Paarkonflikten die Beobachter zur Bestätigung ihrer eigenen Position (vgl. Kap. 5.3.), betonten ihre Belastung in der Elternrolle oder klagten über ihre Hausfrauenrolle.

Auch in diesen Reaktionen wurde deutlich, daß der Dritte gemäß der eigenen Wünsche und Konflikte wahrgenommen wurde. Der Dritte wird zur Projektionsfläche unterschiedlicher Aspekte der Familiendynamik. Seine Anwesenheit und seine Verwicklung trägt zum Verständnis der familialen Dynamik bei. Ähnlich wie Devereux darauf hinwies, daß die Anwesenheit des Forschers eine wissenschaftlich fruchtbare Störung darstellen kann, wenn man sie psychoanalytisch versteht (vgl. 1967, S. 304 ff.), läßt sich auch in der Familienbeobachtung die Anwesenheit des Beobachters als Erkenntnismittel einsetzen.

Die ausgeprägten Reaktionen weisen auf die große Bedeutung des Dritten hin. In vielen dyadisch blockierten Situationen wird der Dritte zur großen Hoffnung. Er hat, wenn er sich nicht seinerseits dyadisch einbinden läßt, die Chance, die Bedürfnisse beider Seiten aufzugreifen und zur triadischen Sichtweise zu erweitern.

Andererseits kann er natürlich selbst verwickelt und in die Dyade hineingezogen werden und dadurch einen neu entstehenden Dritten aus der ursprünglichen Dyade ausschließen. Deshalb ist, allgemein gesprochen, die Chance der Triade die Anerkennung der Fremdheit und die Integration der Differenz, ihre Gefahr dagegen besteht in dem Ausschluß des störenden Dritten.

In der zuerst beschriebenen Familie (vgl. Kap. 5.2.) nahm die Dynamik am ehesten die in der Theorie der frühen Triangulierung beschriebene Form an. Das Kind fühlte sich in der Dyade mit der Mutter eingeengt und entwickelte einen starken Drang nach dem dynamisch unterschiedenen, heterologen Vater. Das Spiel zwischen Vater und Tochter war durch eine libidinös aufeinander bezogene, trianguläre Dynamik gekennzeichnet. Der Vater war Repräsentant der sehnlichst vermißten nicht-symbiotischen Welt.

Zugleich kam der Vater rasch an seine eigenen emotionalen Grenzen, die zu einer Hemmung im Spiel mit der Tochter führten. Die trianguläre Bewegung war zwar deutlich erkennbar, blieb aber unvollständig. Die Tochter konnte sich im Spiel mit dem Vater nur partiell von der Mutter lösen. Insbesondere aber konnte sie die Eltern nicht als ein Paar erleben und ihre jeweiligen Erfahrungen mit Mutter und Vater zu einem Gesamtbild integrieren. Dadurch blieben zwei alternative Beziehungserfahrungen nebeneinander bestehen. Die Triade war zwar hergestellt, aber inhaltlich nur teilweise ausgefüllt.

Die Dynamik in den beiden anderen Familien entwickelte sich eher aus einem Mangel oder Konflikt in der Dyade, den die Triade auffangen sollte, wozu sie aber nur ungenügend in der Lage war. Dabei ist zu berücksichtigen, daß beide Familien zusätzliche Belastungen zu bewältigen hatten: in der einen Familie ging es darum, einen neuen familiären Zusammenhalt mit dem Stiefvater herzustellen, während in der anderen Familie eine körperliche Einschränkung zu integrieren war.

In der Familie in Kap. 5.4. zeigten die Töchter ein auffallendes Bedürfnis nach einer libidinösen und motorischen Beziehung zu der Beobachterin. Nach meiner Interpretation stand die Mutter aufgrund ihrer körperlichen Einschränkung für diesen Kontakt nicht ausreichend zur Verfügung und der Vater konnte den Mangel nur partiell kompensieren. Tendenziell fand bei den Eltern ein Rollentausch, bzw. eine Vermischung der Rollen statt. Das Verhalten der Kinder wies darauf hin, daß sowohl in der Integration des aggressiven Umgangs wie auch bei der Befriedigung libidinöser Bedürfnisse Lücken geblieben sind.

Durch die Lücken, die in der Interaktion mit der Beobachterin vermittelt wurden, rückten in dieser Beobachtung die latenten Konflikte in den Vordergrund. Die Töchter vermittelten den Eindruck eines Mangels an dyadisch bestimmter Nähe. Sie suchten immer wieder den Kontakt zu der Beobachterin. Die triadische Ausgestaltung der Interaktion funktionierte im allgemeinen familiären Umgang. Dies gelang nach meiner Interpretation dadurch, daß die Aggression in der Familie aufgrund der Rücksicht auf die Behinderung der Mutter konfliktbesetzt war.

Bei genauerer Analyse erwarteten die Mutter und die Kinder den abends nach Hause kommenden Vater mit einer Einstellung, die ich von der Tendenz her als vorwiegend dyadisch bezeichnen möchte. Der Vater war nicht nur der Dritte, der ein zusätzliches Element in die Familie einbringt, sondern derjenige, der das Fehlende zwischen Mutter und Kindern ersetzt. Diese Erwartung an den Vater wurde besonders bei dem 2jährigen Sohn deutlich, der mit ihm anhänglich schmuste. Aber auch die Mutter suchte für sich den auschließlichen, verbalen Kontakt zu ihrem Mann; die Beobachterin bemerkte verwundert, daß sich das Paar durch ihre Anwesenheit kaum stören ließ. Die zentrale Bedeutung des Vaters resultierte aus seiner Ergänzung mütterlicher Funktionen.

Einzig bei der 9jährigen Tochter ließ sich eine davon zu unterscheidende, ödipale Bewegung beobachten. Sie schien mit der Frage nach der Herkunft der kleinen Geschwister und einem damit verbundenen Zorn auf die Mutter beschäftigt. Bei ihr war das libidinöse Werben um den Vater und die Rivalität mit der Mutter eindrücklich. Während der Beobachtungen suchte sie immer wieder die Konfrontation mit der Mutter. In ihrer Aggression vermischte sich vermutlich die ödipale Rivalität mit dem Konflikt über die auch zuvor schon vorhandene, beständige Rücksichtnahme auf die Mutter.

Der Vater reagierte nur ausnahmsweise auf ihr Werben, so daß die Auseinandersetzung mit der Mutter sich um ein durch die Zeugung der Geschwister zwar präsentes, im konkreten Umgang aber eher fürsorgliches und damit ödipal nicht ansprechbares Objekt handelte.

In der Familie in Kap. 5.3. trat das Thema der Fremdheit, bedingt durch den hinzugekommenen Stiefvater, besonders deutlich hervor. Die ohnehin vorhandene Aufgabe in der Triade, das fremde Dritte zu integrieren, vergrößerte sich durch die zusammengefügte Familiengeschichte. In der Beobachtung schien der Sohn zu demjenigen geworden zu sein, der das Fremde, das letztlich für den nur indirekt anwesenden leiblichen Vater stand, repräsentierte. Der Stiefvater konnte diesen Anteil nur schwer akzeptieren und schien ihn durch seine ständigen Kontrollversuche zu bekämpfen.

In dieser Familie schien es schwierig zu sein, die Differenz innerhalb der elterlichen Paarbeziehung flexibler zu handhaben, so daß vermutlich auch stellvertretend an dem Sohn eine Problematik abgehandelt wurde. Das gemeinsame, von der Mutter initiierte Verschmelzen vor dem Video zeigte wohl die Schwierigkeit an, einen Umgang mit Konflikten zu finden.

Der vermutlich ödipale, durch die Familiengeschichte zusätzlich aufgeladene Konflikt in der Triade führte zu dem Versuch, in die Dyade auszuweichen. Tom versuchte dem Druck, den ihm der Stiefvater machte, ödipal verführerisch aus dem Weg zu gehen. Da sich die Mutter offenbar teilweise entzog, suchte er Dritte außerhalb der Familie. In allen drei Familien finden sich wesentliche Bezugspunkte der Triade. Die Suche nach dem Dritten als Hilfe zur Lösung aus zu großer dyadischer Nähe und das Problem, den fremd gebliebenen Anteil zu integrieren, zeigen die Chancen und die Anforderungen der Triade auf. Der Mangel in der Dyade und seine Kompensation durch den Dritten, der auch in dem literarischen Beispiel von P. Høeg ausgeführt ist, verweisen auf die Schwierigkeit, mit dem Fremden produktiv umzugehen, wenn eine verläßliche dyadische Sicherheit fehlt.

6.3. Die Bedeutung des Vaters und des elterlichen Paares

In der Triade wird der Vater innerhalb der personellen Aufteilung in der Regel als der zu der Mutter-Kind-Dyade hinzukommende Dritte verstanden, der dem Kind bei der Erfahrung und Entwicklung triangulärer Strukturen hilfreich und wichtig ist. Natürlich enthält dieses Bild keine strikte, sondern nur eine tendenzielle Rollenaufteilung. Die Mutter hat ebenso wie der Vater trianguläre Beziehungsmuster zur Verfügung. Muß das vaterlose Kind die Selbständigkeit also nur rascher lernen, wie Goethe in dem angeführten Zitat den Vater, der sich mit allen Mitteln und vielen Rechtfertigungen von Frau und Kind trennen möchte, vertreten läßt? Dann würde der Vater lediglich die soziale Anpassung erleichtern, ohne qualitativ eigene Beziehungserfahrungen einbringen zu können.

Auch die sozialwissenschaftliche Forschung, die Rauchfleisch zitiert, attestiert den Kindern Alleinerziehender eine größere Selbständigkeit als den Kindern aus traditionellen Familien (1998, S. 205; vgl. oben, Kap. 5.3.). Dagegen ist allerdings einzuwenden, daß beide Eltern – abgesehen von dem tief verwurzelten Wunsch des Kindes nach der Beziehung zu den leiblichen Eltern als Paar (vgl. Wolff 1998) – ein breiteres Repertoire, insbesondere im Bereich der Geschlechtsrollen, vermitteln können als dies einer Person möglich wäre.

Dadurch ergibt sich die Möglichkeit, innerhalb der Triade eine breit gefächerte Perspektivität zu entwickeln, die eine Voraussetzung sowohl für empathische wie auch für selbstreflexive Prozesse darstellt. Deshalb kann auch die Fähigkeit, „Realität innerhalb einer triangulären Struktur zu sehen", als Voraussetzung für den Abschluß des psychoanalytischen Prozesses dargestellt werden (Raguse 1998, S. 691). Auch im Supervisionsprozeß werden Perspektiven gewechselt und probeidentifikatorisch eingenommen, so daß er sich als triadische Struktur charakterisieren läßt (vgl. Metzger 1999).

Innerhalb dieser Perspektivität bleibt die Aufteilung der Rollen in der kindlichen Entwicklung geschlechtsspezifisch gebunden. Viele Befunde sprechen dafür, daß das Kind sich in Belastungssituationen eher an die Mutter wendet (vgl. Kap. 2.4.). Insbesondere die Beobachtungen von Herzog (vgl. Kap. 2.2.3.) zeigen eine deutliche Rollenaufteilung der Eltern nach dem traditionell erwartbaren Muster: der Vater steht für das Angebot triebbetonter Spiele, die trianguläre Erfahrungen fördern, während die Mutter homöostatischere Beziehungsformen anbietet.

Auch bei den hier beobachteten Familien läßt sich dieses Muster wiederfinden. Es mag mit dem Selbstverständnis der Eltern, das sich auch in der meist traditionellen Aufteilung zwischen Haus- und Erwerbsarbeit spiegelt, in Zusammenhang stehen.

In mehreren Beobachtungen war es eindrucksvoll zu sehen, wie die Väter insbesondere von den Töchtern aktiv für libidinöse Spiele gesucht wurden, die sich deutlich von der Beziehung zu den Müttern unterschieden. In der frühen Triangulierung ist es der Vater, der alternativ zur Mutter gesucht wird, während in der ödipalen Triade der jeweilige gegengeschlechtliche Elternteil umworben wird.

Ich hatte bereits ausgeführt, daß die Triangulierung aus mehreren Entwicklungsschritten besteht. Neben der Erfahrung des zu der Dyade hinzukommenden Dritten spielt das Erlebnis des elterlichen Paares eine wichtige Rolle für die Entwicklung des Kindes. Das Kind kann in der Beziehung der Eltern miteinander ein Modell für den Umgang mit Differenz, insbesondere mit der Differenz der Geschlechtsrollen, mit den aus der Differenz resultierenden Konflikten und mit integrativen Prozessen sehen.

Es mag am Setting der Untersuchung liegen, daß es für diese Frage-stellung nur wenige auswertbare Szenen gab. Die Eltern grenzten sich in Anwesenheit der Beobachterin kaum von den Kindern ab, und die Kinder waren nicht mit dem elterlichen Paar konfrontiert, weil sie sich an die Beobachterin als anwesende Dritte wenden konnten. Da-her wäre für diese Fragestellung weitere Forschung notwendig.

6.4. Die Dynamik zwischen Dyade und Triade

Die Ergebnisse der Interpretation unterstützen meiner Meinung nach die Annahme, daß die Gestaltung einer flexiblen Triade ohne eine gute, intensiv bezogene Dyade nicht denkbar ist. Die symbiotisch empfundene Nähe ist eine Voraussetzung für triadische Beziehungen. Sie wird, so habe ich in der Auseinandersetzung mit D. Stern postu-liert (vgl. Kap. 2.3.), aktiv vom Säugling gesucht, weil sie als ein primäres Bedürfnis zu verstehen ist. In dem sicheren Bewußtsein einer vertrauten und tendenziell unabgegrenzten Dyade kann das Kind gleichzeitig Beziehungen zu Dritten unterhalten. Um sich aber der Triade in all ihren Anforderungen aussetzen zu können, braucht es eine verinnerlichte primäre Objektbeziehung, die eine sichere Hei-matbasis für die Erkundung der Fremde darstellt.

Die Triangulierung, die internalisierte triadische Objektbeziehung, ermöglicht wesentliche Entwicklungsschritte: „Dieser Schritt ver-langt von dem Kind ein sich Hinauswagen über das geschlossene System der Selbst-Objekt-Beziehung (Kind/primäre Bezugsperson) hinaus und ein Erkennen der wechselnden Interaktionsmöglichkeiten aus der Perspektive dieser dritten psychologischen Entität; es handelt sich hierbei um einen seelischen Bereich, der getrennt und potentiell unabhängig ist von der gegenseitigen Abhängigkeit des dyadischen Wechselspiels" (Fonagy 1998, S. 141).

Die Auswertung der Beobachtungen legt die Annahme nahe, daß das Thema dieser Arbeit, die Bildung der Triade und das dynamische Wechselspiel mit der Dyade, universell ist. Es stellt einerseits ein ent-wicklungspsychologisches Thema dar, weil in der frühen und in der

ödipalen Triangulierung Funktionen entwickelt werden, die als interaktive Kompetenz erforderlich sind. Zugleich aber handelt es sich
nicht nur um eine Entwicklungsstufe, die einmal erreicht ist und nicht
mehr aufgegeben wird, sondern um ein dynamisches Gleichgewicht,
das auf der Basis bestehender Strukturen immer wieder neu hergestellt wird.

Diese Erkenntnis schützt vor allzu normativen Erwartungen an
familiäre Bildungsprozesse. Ist einmal eine triadische Grundfunktion
hergestellt – das Kind kann sich aus der ausschließlich dyadischen
Bezogenheit lösen und Beziehungen zu mehreren Personen internalisieren –, so sollte in der Interaktionsbeobachtung danach gefragt
werden, wie und in welchen Bereichen sich Triaden entwickeln und
wie sie auf Dyaden bezogen sind.

Dyadische Beziehungen tendieren dazu, für sich selbst zu stehen
und Befriedigung in der Unmittelbarkeit zu zweit zu suchen. Ist die
dyadische Beziehung durch die Dominanz von regressiven Abwehr-
prozessen bestimmt, so bleibt die Entwicklung blockiert oder ver-
langsamt.

Triadische Beziehungen setzen sich mit dem Neuen und Fremden
auseinander. Sie haben progressiven Charakter. Sollen sie allerdings
unerfüllt gebliebene dyadische Wünsche aufnehmen und befriedigen,
so stoßen sie schnell an die Grenzen ihrer Möglichkeiten.

Die Bildung einer Dyade oder einer Triade sagt für sich genommen
noch nichts über die beteiligten Triebkräfte aus. Beide können sowohl
situativ angemessene Lösungen darstellen wie auch neurotisch bestimmte Abwehrprozesse repräsentieren. Eine Dyade kann regressiv-
anklammernden Charakter annehmen und damit vor allem den Dritten zu vermeiden suchen. Aber auch die Triade kann sich durch die
Vermeidung der dyadischen Nähe auszeichnen und damit vorwiegend
der Abwehr dienen. Deshalb scheint mir das Verhältnis von dyadischen
und triadischen Prozessen untereinander, die Beweglichkeit zwischen
regressiven und progressiven Einstellungen eine wichtige Voraussetzung für das Gelingen psychischer Prozese zu sein. Aus der Position
des Dritten, der exzentrischen Position, ist im Verlauf der Entwicklung die Fähigkeit zum Alleinsein, der daraus resultierende Selbst-
bezug und schließlich Reflexivität möglich.

Die Triangulierung steht für die Auseinandersetzung mit der Differenz und allen damit verbundenen Chancen und Belastungen. Durch die darauf aufbauende Vorstellung des dynamischen Wechselspiels zwischen Dyade und Triade wird ein Erfahrungsraum darstellbar, der das breite Spektrum zwischen verschmelzender Nähe und der produktiven Auseinandersetzung mit dem Dritten abzubilden vermag.

7. Literatur

Abelin, E. (1971): Role of the father in the separation-individuation process. In: McDevitt, J. und Settlage, C. (Hg.): Separation-Individuation, Essays in Honor of Margaret Mahler. New York: Int. Univ. Press

ders. (1975): Beobachtungen und Überlegungen zur frühesten Rolle des Vaters. In: Bittner, G./Harms, E. (Hg.): Erziehung in frühester Kindheit. München 1985

Anthony, E. J. (1974): The Reactions of Parents to the Oedipal Child. In: Anthony, E. J./Benedek, T. (ed.): Parenthood. Its Psychology and Psychopathology. Boston, Mass.: Little, Brown and Co.

Argelander, H. (1970): Die szenische Funktion des Ich. Psyche 24, 325–345

Balint, M. (1968): Therapeutische Aspekte der Regression. Die Theorie der Grundstörung. Reinbek: Rowohlt 1973

Baumgart, M. (1991): Psychoanalyse und Säuglingsforschung – Versuch einer Integration unter Berücksichtigung methodischer Unterschiede. Psyche 45, 780–809

Benedek, T. (1960): Elternschaft als Entwicklungsphase. Jahrbuch der Psychoanalyse Bd. I., Opladen

Bergman, A. (1998): Separations-Individuations-Theorie. Historischer Hintergrund und gegenwärtige Forschung. In: Burian (Hg.) – Der beobachtete und der rekonstruierte Säugling. Göttingen 1998

Bick, E. (1964): Notes on infant observations in psychoanalytic training. Int. J. Psycho-Anal., 45, 558–566

Bortz, J./Döring, N. (1995): Forschungsmethoden und Evaluation für Sozialwissenschaftler. Berlin u. a.: Springer

Britton, R. (1989): The missing link: parental sexuality in the oedipus complex. In: Steiner, J. (ed.) – The oedipus complex today. Clinical implications. London: Karnac, 83–103

Buchholz, M. (1990): Die Rotation der Triade. Forum Psychoanal. (1990) 6: 116–134

Bürgin, D. (1998a): Psychoanalytische Ansätze zum Verständnis der frühen Eltern-Kind-Triade. In: von Klitzing (Hg.) – Psychotherapie in der frühen Kindheit. Göttingen: Vandenhoeck

ders. (1998b) (Hg.): Triangulierung. Der Übergang zur Elternschaft. Stuttgart, New York: Schattauer

Crick, P. (1997): Mother-Baby-Observation: The Position of the Observer. Psa Psychotherapy Vol. 11, No. 3, 245–255

Dammasch, F. (1997): Gegenübertragung als Erkenntnisinstrument. Szenisches Verstehen der Anfangssequenz einer therapeutischen Begegnung. AKJP XXXVIII Jg., 443–469

ders. (2000): Die innere Erlebniswelt von Kindern alleinerziehender Mütter. Eine Studie über Vaterlosigkeit anhand einer psychoanalytischen Interpretation zweier Erstinterviews. Frankfurt: Brandes+Apsel

Devereux, G. (1967): Angst und Methode in den Verhaltenswissenschaften. München: Hanser

Dornes, M. (1993): Der kompetente Säugling. Die präverbale Entwicklung des Menschen. Frankfurt: Fischer 1993

ders. (1997): Die frühe Kindheit. Entwicklungspsychologie der ersten Lebensjahre. Frankfurt: Fischer

Ermann, G. (1996): Erfahrungen mit der Methode der Babybeobachtung. Forum Psychoanal, 4: 279–291

Ermann, M. (1993): „Frühe" Triangulierung. In: Mertens, W. (Hg.) – Schlüsselbegriffe der Psychoanalyse. Stuttgart: VIP

Fivaz-Depeursinge, E. (1998): Gestische und mimische Interaktion in der primären Dreiecksbeziehung. Therapeutische Implikationen. Psychosozial 21. Jg. Heft IV, 33–43

Fonagy, P. et al. (1993): Aggression and the psychological self. J. Psycho-Anal., 74, 471–485

Fonagy, P. (1998): Die Bedeutung der Dyade und Triade für das wachsende Verständnis seelischer Zustände. Klinische Evidenz aus der psychoanalytischen Behandlung von Borderlinepersönlichkeitsstörungen. In: Bürgin 1998b, 141–162

Freud, S. (1900): Die Traumdeutung, GW II/III

ders. (1914): Erinnern, Wiederholen, Durcharbeiten. GW X

ders. (1920): Jenseits des Lustprinzips. GW XIII, 3–69

Freud, W. E. (1976): Die Beobachtung der frühkindlichen Entwicklung im Rahmen der psychoanalytischen Ausbildung. Psyche 30, 723–743

Friebertshäuser, B. (1997): Feldforschung und teilnehmende Beobachtung. In: Friebertshäuser/Prengel – Handbuch qualitativer Forschungsmethoden. München

Goethe, J. W. (1809): Die Wahlverwandtschaften. Ditzingen 1982: Reclam

Green, A. (1996): Über die Natur des Psychischen. In: Zwettler/ Kamarek (Hg.): Der psychoanalytische Prozeß. Wien 1996

Greenacre, Ph. (1966): Probleme der Überidealisierung des Analytikers und der Analyse. Psyche 23 (1969), 611–628

Grunberger, B. (1971): Vom Narzißmus zum Objekt. Frankfurt: Suhrkamp 1976

Haas, J. (1997): Bions Beitrag zu einer psychoanalytischen Theorie der Emotionen. Jahrbuch der Psychoanalyse, Bd. 38, 137–197

Heimann, P. (1950): Bemerkungen zur Gegenübertragung. Psyche 18 (1964), 483–493

Herzog, J. (1980): Sleep disturbance and father hunger in 18- to 28-month-old-boys. Psa. Std. Child 35: 219–233

ders. (1985): Preoedipal Oedipus. The father-child-dialogue. In: Pollock, G. H./Ross, J. M. (ed.) – The oedipus papers. Madison: Int. Univ. Press

ders. (1991): Die Muttersprache lehren. Aspekte des Entwicklungsdialogs zwischen Vater und Tochter. Jahrbuch der Psychoanalyse, Bd. 27

ders. (1994): Die Begegnung mit dem Vater in der analytischen Situation. Manuskript

Julien, P. (1995): Die drei Dimensionen der Vaterschaft in der Psychoanalyse. Arbeitshefte Kinderpsychoanalyse 21, 72–86

Klein, M. (1960): Über das Seelenleben des Kleinkindes. In: (dies.): Das Seelenleben des Kleinkindes und andere Beiträge zur Psychoanalyse. Stuttgart: Klett-Cotta 1983

von Klitzing, K. (1997): Frühe Kindesentwicklung und Familienbeziehung. Eine prospektive Studie zur Entstehung der Eltern-Kind-Beziehung. Forschungsbericht.

Klüwer, R. (1983): Agieren und Mitagieren. Psyche 37, 828–840

Köhler-Weisker, A. (1980): Teilnehmende Beobachtung der frühen Kindheit in der psychoanalytischen Ausbildung. Psyche 34, 625–652

Küchenhoff, J. (Hg.) (1998): Familienstrukturen im Wandel. München-Basel: Reinhardt

Lazar, R. et al. (1986): Die psychoanalytische Beobachtung von Babys innerhalb der Familie. In: Stork, J. (Hg.): Zur Psychologie und Psychopathologie des Säuglings – neue Ergebnisse in der psychoanalytischen Reflexion. Stuttgart: frommann-holzboog, 185–210

Legewie, H. (1995): Feldforschung und teilnehmende Beobachtung. In: Flick, U. (Hg.): Handbuch der qualitativen Sozialforschung. Grundlagen, Konzepte, Methoden und Anwendungen. München: PVU

Leuzinger-Bohleber, M. (1995): Die Einzelfallstudie als psychoanalytisches Forschungsinstrument. Psyche 49, 434–481

dies. (1996): Die „Medea-Phantasie" – Eine unbewußte Determinante archaischer Aggressionskonflikte bei einigen psychogen sterilen Frauen. In: Bell, K./Höhfeld, K. (Hg.) – Aggression und seelische Krankheit. Gießen: psychosozial, 91–121

Ley, K. (1998): Aktuelle Familienvielfalt und das Geschwisterliche – Die Bedeutung der Horizontale. In: Küchenhoff, J., a. a. O., 183–199

Loewald, H. (1951): Das Ich und die Realität. Psyche 9, 769–788

Lorenzer, A. (1983): Sprache, Lebenspraxis und szenisches Verstehen in der Psychoanalyse. Psyche 37, 97–115

ders. (1986): Tiefenhermeneutische Kulturanalyse. In: ders. (Hg.): Kultur-Analysen. Frankfurt: Fischer

ders. (1990): Verführung zur Selbstpreisgabe – psychoanalytisch-tiefenhermeneutische Analyse eines Gedichts von Rudolf Alexander Schröder. Kulturanalysen 3/1990, 261–278

Maalouf, A. (1997): Häfen der Levante. Frankfurt: Insel

Mahler, M., Pine, F., Bergman, A. (1975): Die psychische Geburt des Menschen. Symbiose und Individuation. Frankfurt 1978: Fischer

Meissner, B. (1999): Picassos Variationen zu „Las Meninas" von Velazquez – Triangulierung als Bedingung für den kreativen Prozeß. In: Schneider, G. (Hg.): Psychoanalyse und bildende Kunst. Tübingen: edition diskord

Metzger, H.-G. (1999): Die triadische Struktur der Supervision. Zeitschr. f. psychoanal. Theorie und Praxis, XIV, 1–1999, 74–98

Müller-Pozzi, H. (1995): Psychoanalytisches Denken. Eine Einführung. Bern: Huber

Nadig, M. (1986): Die verborgene Kultur der Frau. Ethnopsychoanalytische Gespräche mit Bäuerinnen in Mexiko. Frankfurt 1997: Fischer

Ogden, T. (1995): Frühe Formen des Erlebens. Wien, New York

Platon: Das Gastmahl oder Von der Liebe. Stuttgart 1992: Reclam

Raguse, H. (1997): Der zukünftige Sinn – Konstruktion und Rekonstruktion in der psychoanalytischen und in der theologischen Hermeneutik. Zeitschr. f. psychoanal. Theorie und Praxis, XII, 3–1997, 213–226

ders. (1998): Psychoanalytische Hermeneutik – Weltanschauung oder Regelcorpus? Psyche 52, 648–704

Raimbault, G. (1977): Arzt-Kind-Eltern. Erfahrungen von Kinderärzten in einer Balint-Gruppe. Frankfurt: Suhrkamp

Rauchfleisch, U. (1998): Alternative Familienformen: Eineltern-Familien und Familien mit gleichgeschlechtlichen Paaren. In: Küchenhoff, J., a. a. O., 199–219

Rotmann, M. (1978): Über die Bedeutung des Vaters in der „Wiederannäherungsphase". Psyche 32, 1105–1147

ders. (1981): Der Vater der frühen Kindheit – ein strukturbildendes drittes Objekt. In: Bittner (Hg.): Selbstwerden des Kindes. Fellbach 1981

Sandler, J. (1976): Gegenübertragung und Bereitschaft zur Rollenübernahme. Psyche 30, 297–306

Schon, L. (1995): Die Entwicklung des Beziehungsdreiecks Vater-Mutter-Kind. Triangulierung als lebenslanger Prozeß. Stuttgart: Kohlhammer

Stern, D. (1985): Die Lebenserfahrung des Säuglings. Stuttgart: Klett-Cotta 1996

ders. (1990): Tagebuch eines Babys. Was ein Kind sieht, spürt, fühlt und denkt. München: Piper 1994

ders. (1995): Die Mutterschaftskonstellation. Eine vergleichende Darstellung verschiedener Formen der Mutter-Kind-Psychotherapie. Stuttgart: Klett-Cotta 1998

Stork, J. (Hg.) (1974): Fragen nach dem Vater. Freiburg

Stuhr, U. (1995): Die Fallgeschichte als Forschungsmittel im psychoanalytischen Diskurs. Ein Beitrag zum Verstehen als Methode. In:
Kaiser, E.: Psychoanalytisches Wissen. Beiträge zur Forschungs-
methodik. 188–204, Opladen: Westdt. Verlag

ders./Leuzinger-Bohleber, M./Beutel, M. (2000): Psychoanalyse und
psychoanalytische Langzeitbehandlungen – Herausforderung für
klinische und empirische Forscher. Stuttgart: Kohlhammer (in Vorbereitung)

Vanderbeke, B. (1997): Alberta empfängt einen Liebhaber. Berlin:
Fest

Winnicott, D. W. (1941): Die Beobachtung von Säuglingen in einer
vorgegebenen Situation. In: ders.: Von der Kinderheilkunde zur
Psychoanalyse. München 1976: Kindler

ders. (1947): Further thoughts on babies as persons. In: The child, the
family and the outside world. Harmondsworth: Penguin

ders. (1960): Die Theorie von der Beziehung zwischen Mutter und
Kind. In: ders. (1974): Reifungsprozesse und fördernde Umwelt,
a. a. O.

ders. (1965): Über den Beitrag direkter Beobachtung von Kindern zur
Psychoanalyse. In: ders.: Reifungsprozesse und fördernde Umwelt.
München 1974: Kindler

ders. (1971): Vom Spiel zur Kreativität. Stuttgart: Klett 1973